Ruth Pfau

Wer keine Tränen hat

Was mein Leben trägt

Herausgegeben von Michael Albus

HERDER

FREIBURG · BASEL · WIEN

Gedruckt auf umweltfreundlichem,
chlorfrei gebleichtem Papier

Originalausgabe

4. Auflage

www.herder.de
Herstellung: fgb · freiburger graphische betriebe 2003
www.fgb.de
Umschlaggestaltung und Konzeption:
R·M·E München / Roland Eschlbeck, Liana Tuchel
Umschlagfoto: Michael Albus
ISBN 3-451-04924-4

Inhalt

Vorwort

Ostern 1998 – Ruth Pfau und ich saßen in Karachi, im Leprakrankenhaus, mitten in der Stadt, zusammen – ein paar Tage lang. Wir nahmen immer wieder einen neuen Anlauf, die Hintergründe, die Beweggründe des Lebens von Ruth Pfau freizulegen und zu entschlüsseln.

Auf den Straßen der Millionenstadt brandete derweil der Verkehr in der feuchten Hitze. Zuweilen war der Lärm so laut, daß wir unsere eigenen Worte nicht verstanden. Oder wir wurden unterbrochen, weil einer von den „Jungs", wie Ruth Pfau ihre pakistanischen Mitarbeiter in einer Mischung aus Nähe und Distanz zu nennen pflegt, hereinschaute, etwas übermitteln oder eine schnelle Auskunft wollte. Wir saßen „mitten im Leben", der Journalist in mir könnte auch sagen: Wir sprachen miteinander unter „Live-Bedingungen".

Ruth Pfau antwortete manchmal zögerlich und sperrig, manchmal überzeugt und überzeugend, dann wieder zweifelnd, nach Worten suchend. Ich spürte bald: Leicht war für sie dieser Gesprächsprozeß nicht, weil er sie zu einem intensiven Nachdenken zwang, das ihr in der Dichte und Gedrängtheit des Alltags sonst kaum möglich ist.

Zudem war sie der Meinung, sie sage ja im Grunde immer wieder dasselbe. Zum Teil stimmt das, aber nur zum Teil. „Was ist dabei?" frage ich. Der jüdische Religionsphilosoph Franz Rosenzweig, der mit Martin Buber die Bibel verdeutscht hat, schrieb einmal: „Wer etwas zu sagen hat, der wird es immer wieder neu sagen." – Ruth Pfau hat etwas zu sagen. Und viele Geschichten, die sie mir erzählte, waren neu.

Ein Teil der Gespräche fand draußen vor Karachi in Manghopir statt, wo Ruth Pfau ab und zu ein wenig Ruhe und den Kontakt mit Schwester Jeannine sucht, mit der sie von Anfang an in Pakistan zusammen war, von der sie im Ton der Freundschaft spricht. Manghopir ist ein schöner und schrecklicher Ort. Schule, Behindertenheim, Zementwerk, alles auf engem Raum zusammen. Aber auch die Bougainvilleen in ihren satten Farben, die Kinder, die Tiere gehören dazu. Der Ort paßt zu Ruth Pfau. Sie liebt die Menschen und die Natur, von beiden schwärmt sie zuweilen – aber immer nüchtern genug, um nicht aus den Augen zu verlieren, was noch bearbeitet, noch geleistet werden muß.

In Manghopir gab es auch in jenen Tagen ein unverhofftes Wiedersehen mit Sakia, die dort im Behindertenheim lebt. Ruth Pfau hat immer wieder die Geschichte mit Sakia erzählt. Aber sie ist es wert, hier noch einmal kurz zusammengefaßt zu werden, weil sie eine Schlüsselgeschichte ist.

Sakia war von ihren Leuten zu Hause im Norden von Pakistan als Kind einige Jahre eingemauert worden, weil sie Lepra hatte. Ruth Pfau hatte sie sehr spät gefunden, und sie hatte auch Schwierigkeiten mit der Tatsache, daß sie sie so spät gefunden hat. Noch heute meint sie, daß sich das doch wirklich hätte verhindern lassen können. Aber das absolute Elend hat Ruth Pfau selbst bei Sakia unterlaufen. Für Sakia war es zweifellos am schrecklichsten, von der Familie verstoßen zu sein. Aber ihr wurde durch den Einsatz von Ruth Pfau die Freiheit wiedergegeben und auch die Möglichkeit, sich wenigstens gegen ihre Familie wehren zu können. Zwei Schwestern von Sakia sind heute in Karachi verheiratet, ausgeheilte Leprapatientinnen. Die Mutter von Sakia war einmal in Karachi zu Besuch. Sakia hat sie zwar empfangen, hat ihr aber gesagt, daß sie mit ihr und der Familie nichts mehr zu tun haben wolle. Diese Reaktion kann man verstehen, wenn man daran erinnert, daß sie wie ein Hund mit Fußtritten von ihrer Familie verjagt worden ist. Heute hat sie ein Grundmaß an Leben wiedergefunden. Sie hat ihre Würde, sie hat ihre Ansprüche. Es gibt zum Beispiel Zeiten, da will sie unbedingt einen Lippenstift haben, da macht sie sich schön. Wenn man ihr Gesicht sieht, kann man verzweifeln, da ist alles entstellt, da gibt es keine Gestalt mehr, da ist alles zerbrochen. Aber die Bausteine, die Stücke sind wenigstens gerettet – und das genießt sie auch. Sakia ist blind. Als sie bei unserem Besuch Ruth Pfau an der Stimme erkannte, ist sie ihr weinend in den Arm gefallen. In dieser Minute, in dieser Umarmung war die ganze Geschichte anwesend. Ob sie nun wirklich aus Verzweiflung oder aus Erleichterung geweint hat, ist unerheblich. Ruth Pfau hat sie ausweinen lassen, und dann kam am Ende auch wieder das Lachen heraus. Sicher: niemand kann mehr das Weinen und die Tränen aus ihrem Leben herausnehmen. Alles Schreckliche ist nun einmal geschehen. Aber da ist ein Grundmaß ermöglicht worden, das es dieser gequälten und erniedrigten Frau möglich macht, dem Leben wieder einen Sinn, wieder Hoffnung abzugewinnen. Das ist schon etwas.

Zurück zu Ruth Pfau: Eine trunkene Nüchternheit oder eine nüchterne Trunkenheit ist ihr Grundwesenszug. Man verspürt dahinter den Kampf mit der Veranlagung zur Depression. Sie kann jederzeit verstärkt werden durch das, was dieser unglaublichen Frau täglich und nächtlich begegnet – unverhofft, unerwünscht. Aber nichts kann Ruth Pfau wirklich vom Wege abbringen. Was sie nicht lösen kann, worauf sie keine Antwort hat oder bekommt, das setzt sie – kühl ihre Kräfte berechnend – auf ihre „eschatologische Liste", die immer länger wird. Ich möchte nicht der sein, dem sie am Ende diese Liste vorlegt. Ob Gott auf alle ihre gründlichen Fragen eine Antwort weiß? Ich brauche viel Gottvertrauen, um diese Frage zögernd mit einem Ja zu beantworten.

In ihren Antworten auf meine Fragen wird die ganze Spannweite, die Höhe, Breite und Tiefe dieses faszinierenden Lebens, das sie geführt hat und führt, sichtbar und spürbar. Auch die Spannung, die sie aufrecht hält, ihr unbedingter Glaube an einen Gott, der Liebe ist, ihre Offenheit, in dem, was sie sagt, und in dem, was sie nicht sagen will, weil es ihr Geheimnis ist und bleiben soll.

Ihre Spiritualität, ihr geistlicher Zuschnitt ist eine Sache für sich. Sie ist ziemlich sperrig, paßt sich keinem der herrschenden Sprachspiele an. Aber schließlich ist sie ja auch erst mit zwanzig Jahren auf eigenen Wunsch christlich getauft worden und dann zur katholischen Kirche übergetreten. Ihr fehlt also der kirchliche Stallgeruch der frühen Jahre, der für viele so prägend war und zeitlebens nicht nur eine Lust geblieben ist. Davon ist sie frei.

Wichtig sind für sie die Erkenntnisse der Naturwissenschaften. Sie nimmt sie staunend und ernüchtert zur Kenntnis. Viele Gründe zu glauben kommen für sie von dorther. Sowohl von den Grenzen der Naturwissenschaften als auch von ihren Möglichkeiten.

Viel Ruhe hat sie nicht. Pausen in einer Arbeit nutzt sie meist zur Erledigung anderer Arbeiten. Ein wenig workaholic ist sie schon. Und manchmal fragt sich der sympathisierende Betrachter, wie lange sie das noch durchhalten wird und ertragen kann?

Jedenfalls steht fest: Sie ist eine außergewöhnliche Frau. Vor gut vierzig Jahren blieb sie auf dem Weg nach Indien in der pakistanischen Hafenstadt Karachi hängen. In einer elenden Bretterhütte, mitten in unvorstellbarem Schmutz und Lärm, begann Ruth Pfau ihren Kampf gegen die Lepra, den Aussatz, aufzunehmen. Die Ausgangsbedingungen waren alles andere als gut. Zum Beispiel als Nonne und Frau in einem von strengen islamischen Gesetzen regierten Land zu arbeiten – von den organisatorischen, finanziellen und sonstigen Voraussetzungen ganz zu schweigen.

Rückschläge gab es genug, jedoch nicht genug für sie. Ihr Glaube, ihre Risikofreude, ihre Sensibilität waren die Motoren für immer neue Anfänge. Wo Männer versagten, stand sie „ihren Mann". Und das mit sichtbaren Erfolgen.

Nun, mit Siebzig, ist es Zeit, vorsichtig Bilanz zu ziehen, die Einsichten und Erfahrungen eines Lebens zwischen Kampf und Kontemplation mitzuteilen.

Ruth Pfau berichtet über ihre frühen Prägungen, über ihren Weg in den Orden, sie erzählt von Macht und Ohnmacht des einzelnen, denkt nach über Heimat, Liebe, Leid, Armut, Keuschheit, Gehorsam und Hingabe, Sterben und Tod. Kurz gesagt: über ein begeisterndes, erfülltes, überraschendes Leben. Sie macht Mut und Hoffnung, selber etwas zu tun und nicht zu warten, bis andere etwas tun.

Michael Albus

Bilder, die ich in mir trage

Bilder sagen mehr als Statements. Wie auch Musik.

Bilder sind Gestalt gewordene Musik. Sie können zur gleichen Zeit mehrere Dimensionen ausdrücken und sind deshalb dem Leben näher, diesem Leben, das nie schwarz ist oder weiß und noch weniger jemals grau und sowieso niemals zu begreifen, es ist zu bunt, zu unvorhergesehen, überraschend, verwirrend, beglückend, abgrundtief traurig, zu *lebendig*.

Es ist mir nicht verwunderlich, daß das Neue Testament Geschichten bringt – zeitbestimmte Geschichten, die doch so zeitunabhängig sind und so aktuell, daß sie noch heute Menschen in Atem halten (ich gehöre dazu).

Weil sie uns das Leben erhellen.

So trage ich nicht nur ein Bild in mir, sondern alle Bilder der Bibel, daß ich sie rufen kann, so wie ich sie brauche: Natanael unter dem Feigenbaum, der sich einmal, *einmal* verstanden fühlt und meint, das also müsse der Messias sein, denn wer könnte das sonst: einen anderen wirklich *verstehen*? Oder Elija, der sagt, er habe genug, *er habe genug jetzt*, und dem die Raben doch das Brot bringen, während er schläft; oder Petrus, der prahlt und dann sein Versprechen nicht einlösen kann und dem sein Herr und Freund sagt: Höre, ich nehme dich ernst, deshalb kann ich nicht sagen, so ein Verrat, der macht nichts, das ist eine Bagatelle; aber fang neu an, ich weiß, das Heldsein ist uns nicht so unbedingt vom Anfang an in die Wiege gelegt –.

Und dann habe ich noch mein „Privat-NT", meine eigenen inkarnatorischen Lebensgeschichten, in denen sich die Erfahrung meines Lebens sammelt. Manchmal sage ich

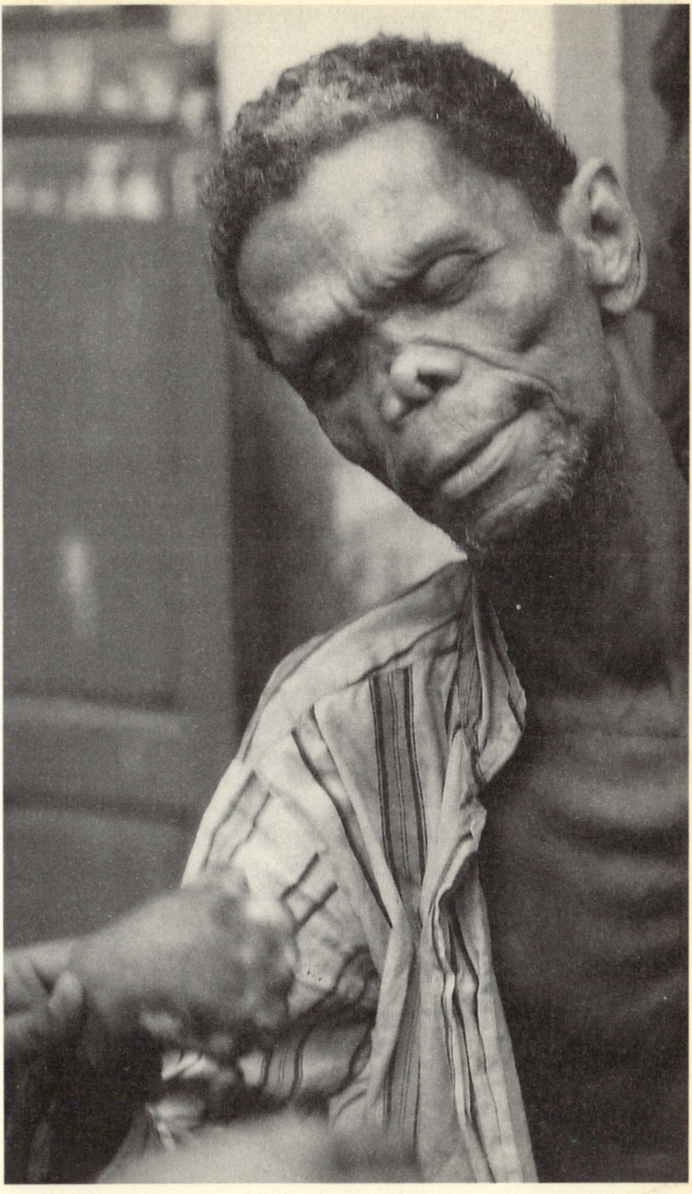

im Gespräch mit Mitarbeitern und Freunden (im Gespräch und nicht während Small talks), da sage ich: „In unseren Heiligen Büchern steht geschrieben", und dann erzähle ich ein Gleichnis aus dem Neuen Testament (ganz besonders gern das Gleichnis von der Frau, die beim Ehebruch ertappt ist, der Mann natürlich nicht, und unser Herr schreibt in den Sand, und dann sagt er: „... wer unter euch ohne Sünde ist, der werfe den ersten Stein auf sie", und sie schleichen sich alle weg, und es ist noch geschrieben: „die ältesten zuerst"), oder ich sage, entsinnst du dich noch, wie wir ..., und das ist dann unsere Geschichte, wie wir Adina aus der Höhle befreiten, weil die Zündkerzen durchgebrannt waren und wir zu Fuß gehen mußten und nur dadurch von ihr erfahren hatten; und wenn wir einfach mit dem Suzuki-Jeep so durchgebraust wären und hätten es nicht erfahren, da hätte das Kind den nächsten Winter nicht mehr überlebt, und seither wissen wir, daß Pannen gut sein können und was es heißt, eingemauert zu sein, und die Mauern braucht man nicht einmal sehen zu müssen. Und was es heißt, jemanden befreien zu dürfen, denn jetzt ist Adina Mutter von drei gesunden Kindern ...

Bilder.

Es ist wichtig für mich, daß ich die Bilder bewahre, so daß sie nicht verblassen. Denn wenn mir die Bilder auch das Leben, dieses unsinnig-heißblütige Leben nicht erklären, sie geben mir Hoffnung. Und wenn ich Hoffnung in mir trage, kann ich sie anderen weitergeben. Nein, nicht einmal „geben"; der andere schöpft sie. Durch Osmose.

Anderen den Weg finden helfen

Das Verlorene suchen. Das Verletzliche schützen.
Das Kleine tragen.

Die Sonne hinter den Wolken

Ich erreiche sie nicht. Wie sollte ich sie auch erreichen, wenn ich doch keinen Zugang habe zu der Tiefe ihres Leides. Ich kann nur neben der jungen Frau sitzen, ihre Hand halten, schweigen –.

Ich wollte, sie könnte weinen. Ich könnte weinen –.

Der Sechzehnjährige, der älteste Sohn, steht in die Tür gelehnt. „Seit zehn Tagen sitzt sie schon so", sagt er, „sie ißt kaum und spricht nicht und schaut immer nur zur Tür – als ob er noch heimkommen könnte."

Eine Woche, eine nicht enden wollende Woche hatten sie noch gehofft – sind von Krankenhaus zu Krankenhaus in der Stadt gelaufen, um sich zu erkundigen, ob er vielleicht einen Unfall gehabt hätte –. Dann, eines Abends, spät, kam die Polizei, sagte, Anwar sei tot. Er sei in das Kreuzfeuer geraten am Gemüsemarkt, und keiner hätte ihn identifiziert, deshalb sei er begraben worden – wo?, das wüßte er auch nicht, und feststellen könne man das jetzt auch nicht mehr, denn er sei ja ohne Namen begraben, aber daß Edhi ihn begraben habe (eine lokale Hilfsorganisation – Anm.), das wüßte er genau.

Und wieso sie es jetzt erfahren hätten, daß es Anwar gewesen sei? Ja, das wüßte er auch nicht, und er habe nur den Befehl, es der Familie zu melden, und mehr könne er auch nicht tun –.

„Er ist morgens", sagt der Sechzehnjährige, „wie immer zum Gemüsemarkt gegangen, mit dem Schubkarren. Die Polizei hat ihn erschossen, ohne Grund", sagt der Sechzehnjährige. „Und jetzt verkaufe ich Gemüse, mit dem gleichen Gemüsekarren. Die Kundschaft kannte den Vater, jetzt kauft sie von mir."

„Wann stehst du auf?", frage ich.

„Um vier", sagt der Sechzehnjährige. „Dann bin ich um sechs am Gemüsemarkt und um acht zurück. Aber ich verdiene genug, daß wir davon leben können, meine vier Geschwister und ich."

„Nur die Mutter", sagt er. „Aber eines Tages wird sie es auch begreifen, daß wir noch da sind und sie brauchen. Jetzt führt Salima den Haushalt. Salima ist elf Jahre alt."

Grenzerfahrungen sind konstitutiv für das menschliche Leben. Ich entsinne mich noch genau, wie ich mit einem Kollegen während des Medizinstudiums in Marburg eines Nachmittags auf der Bank saß und es mich plötzlich überkam und ich dachte: Da sitzt du hier und leidest an der Endlichkeit deines Lebens und hast keine Möglichkeit auszubrechen – das ist doch irrsinnig.

Das war ein Grunderlebnis, und es durchzieht noch immer meine Lebenserfahrungen. Das aber auf der anderen Seite diese Grenze auch immer wieder durchlöchert hat, sie immer wieder hat zeichenhaft werden lassen: daß hinter jeder Grenzerfahrung eben doch irgend etwas anderes steht. Stehen muß – und auch steht. Sonst könnten wir nicht weiterleben.

Grenze ist eine neue, eine immer neu bedrückende Frage. Eine immer neue erste Einübung in den Tod.

Manchmal, oder eigentlich immer, auch: die Aufforderung zum Überschritt, zur Tapferkeit, ja zu sagen dazu, daß es mehr gibt als das, was wir in unserem menschlichen Leben erfahren können. Das heißt für mich: der Zugang zu dem, was jenseits dieser Grenze liegt, ist nicht für immer verschlossen. Er öffnet sich bloß später.

Mir hat man einmal als Interpretation meines Lebens den Satz angeboten: „Unmöglich" ist kein Wort für mich.

Augenblicke unterwegs, Minuten des Verweilens, des Nachdenkens ... Dann weiter ...

Das hängt wohl mit dem zusammen, was ich als Grenzerfahrung bezeichne. Natürlich sind viele Dinge unmöglich für mich. Aber das sind dann immer nur Unmöglichkeiten im Augenblick. Daß ich das Universum wirklich existentiell als geschlossen erlebt habe, das ist (seit jenem Ausbruch aus der bloßen Endlichkeit oder, im Insiderjargon: seit meiner Konversion zum Christentum) langfristig und endgültig nicht vorgekommen und wird wohl auch nicht vorkommen. Daß man sich allerdings an den geschichtlichen Erfahrungen des Warum blutig stoßen kann, das ist dann noch einmal etwas ganz anderes.

Manchmal werde ich gefragt, woher ich das Vertrauen (meine „Gewißheit") nehme, daß es hinter der Grenze doch immer wieder weitergeht, daß es hinter der nächsten Grenze immer noch nicht zu Ende ist, daß sich da wieder etwas Neues auftut, denn diese Erfahrung steht quer zu der Erfahrung vieler Menschen von heute (und vordergründig auch quer zu meiner).

Ich weiß nicht, woher ich dieses Vertrauen habe, ich könnte diese Gewißheit nicht selbst produzieren. Wenn ich mir die von irgendwoher selber besorgen müßte, wäre wahrscheinlich die Last zu schwer für mich gewesen, als daß ich sie wirklich durch alle Unsinnigkeiten, alle Widersinnigkeiten des Lebens hätte hindurchtragen können. So ist es einfach da. Aber es ist so da, daß ich eine Wirklichkeit abstreiten müßte, wenn ich sagen würde: Es ist nicht da. Es ist allerdings nur als negative existentielle Erfahrung da. Also, wenn ich sage: Ja, das gibt es, dann kommt es mir ein bißchen wie Tante Annas Lindenblütentee vor. Aber wenn ich sage: Es gibt es nicht, dann wäre das für mich eine existentielle Lüge. Das ist wirklich keine billige Aussage, denn ich habe eine ausgeprägte Anlage zu Depressionen. Und ich habe mein Leben ja auch nicht jenseits der Wirklichkeit in irgendeiner behüteten Traumwelt verbracht. Und trotzdem ist es eine zeitlich begrenzte Erfahrung, daß ich um die Sonne hinter den Wolken weiß, auch wenn ich dieses Wissen manchmal existentiell nicht einholen kann.

Ich habe oft Situationen erfahren, die, vordergründig gesehen, einfach ausweglos erschienen. Aber dann ist es doch wieder weitergegangen. Ich würde es für gefährlich halten, wenn ich mich von solchen Erfahrungen der Ausweglosigkeit nachdrücklich prägen ließe, denn dann käme ich in ein Leistungs- und Erfolgsdenken hinein (dessen Kriterien ich eben für primitiv halte).

Trotzdem ist es natürlich schön, wenn man immer wieder mal ein Bonbon kriegt. Aber die würde ich nicht zu meinen Grundnahrungsmitteln zählen. Wenn ich es auch genieße, daß es sie immer wieder mal gibt.

Ich erwarte die Vollendung

Es war ein total normaler Arbeitstag, und ich war total normal an diesem Tag. Wir hatten gelacht mit den Kindern des Hauses und mit den Kleinen geschäkert und die Eltern davon zu überzeugen gesucht, daß Lepra eine ganz normale Krankheit sei; was sei schon dabei, wenn Mariam sechs Monate ihre Medikamente einnähme? Schön, vielleicht hätten sie ihre Zweifel, ob der kleine weiße Flecken wirklich das Alarmsignal war, als das wir es ansahen, aber nach der Behandlung seien sie beruhigt und wir beruhigt, und es wäre noch lange Zeit, ehe sie für das Mädchen auf Brautschau gehen müßten, da sei die Sache schon längst vergessen – schließlich willigten sie ein.

Als wir hinaustraten ins Gewühl, den Gestank und den Krawall des Bazars, lag die Straße in einem goldenen zärtlichen Licht. Ich kniff die Augen zu – das Licht blieb. Golden und zärtlich. Nein, es hatte sich nichts verändert: Der alte Mann schob mühselig seinen Gemüsekarren, der Schuhputzjunge suchte nach Kunden, die Abflußröhren waren verstopft und stanken, in der Teestube saßen die arbeitslosen Männer auf Holzbänken und unterhielten sich über die steigenden Lebensmittelpreise – drei Buben rannten, ihre Schultaschen unter den Arm geklemmt, schreiend hinter einem Hund her, der eine Sandale im Maule hielt – es war alles wie vorher, aber der zärtliche Goldglanz lag über allem, das Leben, das Leben war angenommen, so wie es war, brüchig und fragwürdig und voller Unheil – angenommen in einer verschwenderischen Geste der Kostbarkeit. Der Fahrer wartete. Der Jeep setzte sich keuchend in Bewegung. Ich habe nie mit jemandem darüber gesprochen.

Manchmal dauert die Suche tagelang, bis man die Kranken findet. Sie bringen einem große Erwartungen entgegen.

Mein Ordensname ist Maria Magdalena von der Wiederkunft. Ich habe diesen Namen gewählt, weil ich von der Frage nach dem „Danach" fasziniert bin. Mir wäre es unerträglich, wenn ich in der Endlichkeit, meiner endlichen Verfaßtheit eingeschlossen bliebe. Aber konkrete Gedanken verwende ich darauf nicht. Wir hatten als Kinder ein Spiel: Stell dir mal die Ewigkeit vor: ... und immer noch und immer noch und immer noch und immer noch – das spielten wir so lange, bis es uns ganz schwindlig wurde, zur absoluten Horrorvision.

Ich würde mich gedanklich diesem Komplex nie nähern. Für mich ist es eine Hintergrundinformation, die enorm wichtig ist, auf die ich aber in der Ausprägung der Einzelheiten gut verzichten kann, es hat sowieso keinen Zweck, Gedanken darauf zu verschwenden, Ewigkeit ist nun einmal keine „Materie" für unsere Gedanken. Als die Amerikaner auf dem Mond landeten und alle sie bewunderten, weil sie sich aus der Globalsphäre hinausgewagt hatten, fand ich das zwar auch aufregend, habe aber den Gedanken doch nicht unterdrücken können: Solange wir noch im Bereich von Kausalität, Zeit und Raum verbleiben ... – es warten noch ganz andere Abenteuer auf uns! (Und jeder wird in seiner Sterbestunde damit konfrontiert werden, nicht nur Astronauten.)

Die Antwort auf die Frage nach der Auferstehung, nach dem ewigen Leben ist nicht in unsere Hände gegeben. Die Dinge, über die wir nicht mehr mit unseren endlichen Denkkategorien zu befinden vermögen, können wir wohl nur als Geschenk empfangen. Ich kann den ganzen Gedankenkomplex über die Liebe, die Ewigkeit, nur existentiell nachvollziehen, nicht verstehen. Von daher kann ich mir nicht vorstellen, daß einer, der geliebt hat und geliebt worden ist, ernstlich daran glauben kann, daß das irgendwann einmal ohne Echo verhallt. Das ist wohl wirklich das einzige Schlüsselloch im Diesseits, das mir in diesem Zusammenhang einfällt.

Natürlich gibt es viele Menschen in unserer Zeit, die in ihre Endlichkeit so eingespannt sind, daß es schwer für sie ist, sich vorzustellen, man könne sich diesem Gedankengang auch nur als eines der möglichen Deutungsmuster öffnen. Es ist aber doch vielleicht nachdenkenswert, daß der Mensch ein Wesen ist, das von Anfang bis Ende auf der Suche ist. Es gibt geschichtliche Phänomene, deren Ursprung ich mir absolut nicht zu erklären weiß. Wie zum Beispiel ist der Mensch, der nicht einmal fliegen kann, auf die Idee gekommen, daß er unsterblich sei? Das ist ein alter Menschheitsmythos, die Idee ein altes Menschheitskulturgut. Die andere Frage: Woher und wieso hat der Mensch mit seinen begrenzten Denkkategorien überhaupt das Wort „Gott" erfunden? Das sind für mich Hinweise (keine direkten Beweise), daß nicht alles so banal und primitiv und letztendlich sein kann, wie wir das manchmal befürchten. Im Grunde glaubt doch jeder Mensch, daß er der Nabel der Welt wäre. Woher kommt das? – Wenn sich wirklich in der Evolution eine Spezies entwickelt hätte, die in ihren Grundtrends schiefliegt, die an der Wirklichkeit vorbeilebt, die wäre doch längst ausgestorben, oder? Naturwissenschaftlich argumentiert müssen wir also mehr sein als das, was man uns ansieht, weil wir mit diesen verrückten Ideen nicht nur überlebt, sondern uns weiterentwickelt haben.

Ich bleibe dabei: Es gibt keine Beweise für diese Erfahrung, denn alle Erfahrungen gehen in Richtung Liebe, und wie beweist man die? Von Thomas von Aquin stammt der Satz, daß der Mensch das Wesen einer einzigen Mücke noch niemals ausgeschöpft habe. Und die Naturwissenschaften bestätigen ihn voll darin. Zum Beispiel das ganze Gebiet der Genforschung. Das bietet einen atemberaubenden Einstieg in die Philosophie, deren erster Akt ja bekanntlich das Staunen ist. Ich habe meinen Lepraassistenten noch niemals über Genforschung erzählen können, ohne daß sie den Atem angehalten hätten angesichts des Wunders der biologischen Struktur des Lebens. Wenn alle diese meßbaren Dinge so alles andere sind als banal, wenn sie soviel nicht Voraussagbares, nicht Verstehbares enthalten, so vieles, was wir niemals glaubten, tun zu können, was wir niemals gewagt hätten zu denken, dann muß das doch aus irgendeiner Quelle kommen. Wir haben es doch nicht erfunden.

Dadurch daß wir die DNA entschlüsselt haben, haben wir ein paar Bausteine, sogar den Hauptbaustein des Lebens entdeckt, aber wir haben damit das Leben doch nur an der Oberfläche berührt. Kein Mensch wird so primitiv sein, daß er sagt: Mein Leben ist mit der Entschlüsselung meiner DNA definiert – und die nächste Mutation macht es zunichte. Wenn das alles wäre, daß wir ein Zufallsprodukt sind, das dreißig, sechzig oder achtzig Jahre rumkriecht, das wäre für mich weder logisch noch existentiell nachvollziehbar. Schon von der naturwissenschaftlichen Struktur her ist das Leben zu kostbar, als daß es ein Wegwerfprodukt sein könnte. Ich kann mir einfach nicht vorstellen, daß ein so wundersames Wesen wie der Mensch als Wegwerfprodukt zustande gekommen ist. Das sättigt auch meinen intellektuellen Hunger nicht.

Wenn ich einmal daran glaube, daß die menschliche Existenz kostbar ist, dann ist auch der Tod nur ein Übergang in die Fülle der Existenzweise, die in mir schon angelegt ist. Sicher: ein schmerzlicher Übergang. Aber kann man die Mühen des Aufstieges aussparen, wenn man vom Gipfel aus freie Sicht haben will?

Mein Zugang zu diesen Fragen ist wenig beeinflußt von Theologie und Glaubenssätzen; er ist immer innerweltlich gewesen, Frucht von Beobachtungen. Und wenn ich dann bei diesen Zugangsversuchen immer wieder an eine Grenze komme, an der ich nicht mehr weiter weiß oder weiter kann, wo mein Hunger nicht mehr gestillt werden kann, dann ist eben jener Sprung in das eigentlich Christliche, Offenbarte angesagt.

Die Sache mit dem Christentum ist allerdings nicht nur schwierig, sie ist recht eigentlich unmöglich. Die Frage fasziniert mich: Woher hat Gott den Optimismus, zu meinen, daß irgend jemand von uns auf so eine verrückte Botschaft ansprechen würde?! Das liegt doch alles jenseits der begrenzten Argumentationsstruktur meines Gehirns.

Wie ich mit einer mathematischen Formel kein lyrisches Gedicht interpretieren kann, so kann ich doch mit meinen endlich strukturierten Gehirnzellen nicht die Selbstoffenbarung eines Gottes auslegen und verstehen. Daß Gott es trotzdem will und sich immer wieder von neuem an uns verschwendet, das ist eben das Geheimnis seiner Liebe.

Was daraus entstehen wird, von dem, was nachher kommt, vom „Himmel" und „Jenseits", habe ich keine Vorstellung, logischerweise. Ich bin in eine Beziehung eingetreten, die ich nicht einmal ansatzhaft ausfüllen kann. In eine Beziehung, die mir von Gottes Seite aus angeboten worden ist, eine Beziehung, die ich mir in meinen wildesten Träumen nicht hätte einfallen lassen können – wenn Gott also schon etwas so Verrücktes, so Unmögliches von mir erwartet, habe ich (mangels einer adäquaten Antenne) gar keine andere Möglichkeit, als sie hier in meinem konkreten alltäglichen Leben auszuprägen (und da sind wir schon bei der Selbstverwirklichung angelangt!), diese Beziehung zu erden, geschichtlich konkret werden zu lassen. Daß sie trotz aller inadäquaten Mittel dennoch gewachsen ist, daran zweifle ich nicht, sonst wüßte ich genau, wen ich geheiratet hätte, wie es viele von uns gemacht haben nach fünf, zehn, fünfzehn Jahren Ordensstand.

Das Wesentliche für mich bleibt, daß ich meinen Ruf hier zu leben habe. Was nach dieser Zeit kommt, weiß ich nicht. Ich habe keine Vorstellung, wie dieser Himmel oder dieses Glück zu denken sind. Glück liegt immer in der Liebe. Insofern erwarte ich schon die Vollendung der Liebe (und da muß ich manchmal den Atem anhalten, wenn es mich überkommt). Das könnte also schon eine Vorstellung von Himmel sein. Wirklich. Ich erwarte, daß alle hier nicht zur Vollendung gekommenen Beziehungen sich oben vollenden, all unser vergebliches schmerzhaftes Mühen umeinander, alle ansatzhafte Freude. Und dann erwarte ich natürlich auch noch, daß ich meine „eschatologische Liste" beantwortet bekomme, das erwarte ich natürlich schon.

Die Punkte, die auf meiner eschatologischen Liste stehen, hängen alle irgendwie mit dem Leid unserer Existenz zusammen. Ich finde das Leben wirklich verstörend und empörend. Ich habe so viele Dinge erlebt, so viel Leidvolles erfahren, das ich nicht in mein Unbewußtes verdrängen mag, sondern lieber auf meine eschatologische Liste setze. Das ist eine ganze Menge. Ich habe den größten Teil meines Lebens in existentielle Erfahrungen investiert. Ich habe aber durchaus den bleibenden Wunsch, daß ich das alles noch einmal intellektuell einholen und am Ende „wissen" möchte.

Den Sinn all dieser einhundertdreiundzwanzig täglichen Erfahrungen und Beobachtungen, die eben nicht in das Bild eines Gottes der Liebe passen, die muß ich ja irgendwo hintun. Ein Beispiel: Wir haben einen Afghanen auf unserer Station, der ist schwerhörig, man kann den Ausfall mit einem Hörgerät nicht ausgleichen. Und wegen des Nervenbefalls durch Lepra kann er auch nicht fühlen. Jetzt hat er eine Augenkomplikation hinzubekommen. Wenn wir die nicht zum Stillstand bringen können, wird er auch in absehbarer Zeit erblinden. Was macht der Mann dann? Er ist lebendig begraben, er hat keine Möglichkeit, mit der Umwelt in Verbindung zu treten. Da ist ein anderer Afghane im Behindertenheim, der hat den ganzen Tag im Bett gelegen und nur vor sich hingestarrt, der ist auch blind und kann nichts fühlen. Vor einiger Zeit haben wir durch eine Untersuchung festgestellt, daß er auch nicht mehr hören kann. Dann haben wir ihm einen Hörapparat verschafft. Er hat vor Freude getanzt, weil er wieder eine Möglichkeit hatte, in Beziehung zu anderen Menschen zu treten.

Kein Mensch ist berufen, alles Leid der Welt zu tragen. Ich bin nur da, um zu sehen und auszuprobieren, was ich in mein endliches begrenztes Leben packen kann. Das ist alles.

Wenn mein Leben dann am letzten Tag im Zusammenhang sichtbar wird, wenn sich die Fäden, die wir geknüpft haben, zum Bild zusammenfügen, dann werden alle diese unbeantworteten Fragen der eschatologischen Liste aufscheinen. Aber vielleicht wird es dann auch gar keine Frage mehr geben, weil die Antworten schon in der Vollendung mit eingeschlossen sind, weil man sie in einem ganz anderen, nie gehörten und nie gewußten Zusammenhang sieht.

Leid kann man nicht verstehen

... Ein Morgen wie alle anderen, halb sechs Uhr, auf dem Weg zur Messe. Ich biege kurz in eine Seitengasse ein, um einem Rudel streunender Hunde zu entgehen. An der Straßenkreuzung nach Saddar, wie immer, Gruppen von Drogenabhängigen, die meisten noch bewußtlos im Rausch, auf alte Kartons gestreckt, mit einem Sack zugedeckt, der Jüngste nicht älter als sechs Jahre ... Ich gehe vorüber.

Kurz vor der Kathedrale, einem neugotischen Bau aus dem Beginn des Jahrhunderts, die Polizeistation. Links das Haus des Bischofs. Einmal hatte der Erzbischof, in einem Privatgespräch, über eben jene Polzeistation gesprochen. „Wenn ich nachts die Schreie der Gefolterten höre", hatte er gesagt, „– und ich muß ja trotzdem irgendwie damit leben ..." Ich hatte nicht geantwortet. Aber es nie vergessen.

Gestern haben sie auf eine Gruppe Kinder geschossen, die auf einem Klassenausflug waren. Sieben Tote. Sie: die Terroristen. Danach intensivieren die Sicherheitskräfte jedesmal ihre sinn- und planlosen Suchaktionen. Ein Kleinbus hält vor der Polizeistation. Drei bewaffnete Polizisten treiben mit dem Gewehrkolben eine Gruppe junger Männer ins Polizeigebäude, sie haben ihnen die Augen verbunden, der letzte, der Jüngste, stolpert mit vorgehaltenen Händen hilflos in die bedrohliche und unbekannte Dunkelheit, er hat ein weißes Spitzentuch um die Augen, offensichtlich den Schleier seiner Mutter, die jetzt hilflos und verzweifelt um ihn weinen wird –. Die Lesung in der Messe ist die Berufung Elischas – Elija wirft seinen Mantel über ihn, dadurch ist er für immer gezeichnet. Der Ruf –.

Wenn ich zurückkomme aus Deutschland, im Oktober, werde ich beginnen, in die Tat umzusetzen, was ich schon lange wollte: Bürgerkomitees zu gründen, die die Polizeistationen regelmäßig besuchen. Wenigstens beginnen werde ich es, versuchen – auch wenn mich das Leprateam noch nicht aus der Verantwortung für das Projekt entläßt.

Es gibt so viel Leid auf der Welt, und niemand kann es verstehen, wenn es ihn trifft. Leid kann man nicht verstehen.

Mit der Antwort im Buch Ijob komme ich schlecht zurecht. Wegen der letzten Antwort, die er gibt. Denn da sagt Ijob, daß er sich mit seiner Klage gegen Gott etwas angemaßt habe, was ihm nicht zustehe. Das, glaube ich, ist nicht mehr gültig. Nachdem Gott bewiesen hat, daß wir Menschen ihm so viel wert sind, haben wir auch das Recht, ihm die Frage nach dem Leid zu stellen. Daß wir nicht das Recht haben, hier und heute eine Antwort zu erzwingen oder auch nur zu erwarten, das ist eine andere Sache. Aber es ist doch etwas anderes, ob ich sage: Die Antwort kann ich noch nicht aufnehmen, weil mein Verstehen begrenzt ist; irgend etwas muß da noch geschehen, daß ich tiefer schauen kann, ehe ich es verstehen kann. Aber verstehen will ich es. Gut finde ich natürlich, daß das Buch Ijob überhaupt in die Bibel aufgenommen worden ist, weil damit deutlich ist, daß die Frage nach dem Leid, und zwar das ungeduldige Fragen, sanktioniert ist. Aber als Antwort könnte mir das Buch nicht viel weiterhelfen, angesichts der konkreten Auseinandersetzung, die ich mit dieser Frage Tag und Nacht bestehen muß. Da hilft es mir sehr viel mehr, daß ich mich der konkreten Not stelle und etwas, wenigstens irgend etwas dagegen zu tun versuche.

Ich könnte natürlich mein Leben damit verbringen, nach dem Warum zu fragen, aber was kommt denn dabei heraus? Es kommt nichts dabei heraus. Weder für den, der leidet, noch für irgendeine strukturelle Verbesserung.

Ich würde mich mit dieser immer wieder aufgenommenen Frage nur selbst fertigmachen. Daß ich nicht mehr frage, bedeutet aber nicht, daß ich nicht mehr fühle. Da muß man schon unterscheiden. Das Beruhigende ist, daß ein Mensch, der wirklich leidet, keine Antwort von mir erwartet, er erwartet überhaupt primär keine Antwort. Er erwartet Mitfühlen und Miteinandersein; das wird ihm helfen, die Antwort später dann selbst zu finden.

Ich habe im Laufe meines Lebens Erfahrungen von Leid gemacht, die es mir verunmöglichen, heute das zu sagen, was ich früher immer gesagt habe: Es geht in der Regel gut aus (es geht meistens gut aus, das stimmt, aber nicht immer). Es gibt Situationen, in denen ich meine Tränen über das Leid anderer nicht zurückhalten kann. Wer keine Tränen hat, der ist offensichtlich ausgetrocknet. Tränen bewässern den Boden, aus dem unser Mitleid wächst. Daß ich mir angesichts des Leidens und des Elends, dem ich tagtäglich ausgesetzt bin, angesichts der Sinn- und Aussichtslosigkeit nicht das Leben genommen habe, hängt von einer geschenkten Überzeugung ab. Dafür habe ich keinen Beweis, der Beweis muß existentiell angetreten werden. Wenn einer wirklich ganz brutal, bis zur Gefährdung seines eigenen Lebens, existentiell einsteigt und die Botschaft der Bibel umsetzt und mir dann sagt, das trägt nicht, dann hat er ein Recht, meine Überzeugung zu kritisieren. Aber auf den warte ich noch, dem bin ich noch nicht begegnet. Ich kann keinem verbieten, zu denken, daß das eine Macke sei oder vielleicht eine Neurose. Das interessiert mich aber nicht. Ich will mitleidsfähig bleiben und zur gleichen Zeit handlungsfähig. Sonst helfe ich dem andern nicht. Warum bin ich denn überhaupt nach Pakistan gekommen? – Es wäre wirklich eine Lüge, wenn ich behaupten würde, ich hätte mich zu dieser Kraft, Leid zu ertragen, selbst durchgerungen. Die Wirklichkeit, die ich hier erfahre, ist so, daß sie einen kaputtmachen kann – ich meine die Seite der

Wirklichkeit, die uns zugänglich ist. Als Gott sich entschieden hat, Mensch zu werden, da hat er ja gewußt, worauf er sich einließ. Auch gewußt, daß er es nicht schaffen würde, die geschichtliche Wirklichkeit zu ändern. Er hat sein Ja dazu gesagt, daß er ein Versager sei, er ist unter der Last der Wirklichkeit zusammengebrochen.

Da stellt sich natürlich schon die Frage, ob wir nicht Abschied nehmen sollten von der Vorstellung eines allmächtigen Gottes, von unserer Vorstellung von Allmächtigkeit. Vielleicht sollten wir uns fragen, ob nicht Gottes Allmächtigkeit gerade darin liegen könnte, daß er die Fähigkeit hat, sich seiner Macht selbst zu entäußern.

Warum er das getan hat?

Gott hat eine Welt geschaffen, die schiefgegangen ist. Ich sage immer: Wenn mein Lepraprogramm so schiefgegangen wäre wie die Welt, die Gott geschaffen hat, dann hätte ich mir einen Experten bestellt. Gott hat eben so radikal unsere Freiheit gewollt, weil er unsere Liebe auf keine andere Weise bekommen konnte, und ist darin konsequent gewesen bis zur Hingabe seines Lebens. Trotzdem: er wird nicht der letzte Verlierer sein. Sonst würde es sich nicht lohnen, weiterzuleben. Wenn ich sage, es geht am Ende gut aus, dann ist das durchaus eine 98prozentige innerweltliche Tatsachenerfahrung. Als Feststellung ist es aber letztendlich eine eschatologische Überzeugung, sonst wäre das Ganze naiv. Denn das Leben geht nicht notwendigerweise und zu allen Zeiten gut aus.

Wichtig ist und bleibt für mich nicht all das Philosophieren, sondern daß ich mich vom Leid der Welt und der Menschen anrühren lasse, daß ich meine Kräfte mobilisiere, dagegen angehe. Daß ich mich verletzen, mir weh tun lasse. Wer nicht den Mut hat, sich weh tun zu lassen, der kann auch nicht helfen, da ist durchaus Mut angesagt. Thomas von Aquin hat einmal gesagt: Die Tugend der Tapferkeit sei die Bereitschaft, sich um des größeren Gutes willen verwunden zu lassen. Ich bin fest davon überzeugt, daß vieles in meinem Management-Erfolg darin begründet liegt, daß ich bereit war (und bin), mich verletzen zu lassen. Wenn einer sich unverletzlich gibt, begibt er sich dadurch der Möglichkeit, dem anderen zu helfen, daß er wächst. Es ist genau so, wie wenn sich eine Frau weigert, durch die Schmerzen der Geburt zu gehen, und dadurch dem neuen Leben die Möglichkeit verweigert, in sein Eigenes zu kommen. Genauso ist es geradezu eine Binsenweisheit in der Liebe: Wenn man nicht bereit ist, sich weh tun, sich verletzen zu lassen, soll man es besser sein lassen. Liebe und Leid gehören untrennbar zusammen. Wo das Leid negiert wird, wird auch die Liebe negiert.

Wie mit Leid umgehen? – eine nie beantwortete Frage.

Wann immer ich die Chance gehabt habe, ein authentisches Buch über die Erfahrung von KZ-Häftlingen zu lesen, wann immer ich solchen Extremfällen von Leid begegnet bin: Leid, selbst extremes Leid, scheint selten so zu sein, daß man es nicht doch ein klein wenig unterlaufen könnte, daß man nicht irgend etwas tun oder denken oder schweigen oder sagen könnte, daß es ein klein wenig leichter wird. Ich will hier nichts verharmlosen, aber es ist meine Erfahrung, auch als Ärztin. Das schlimmste für einen Menschen ist, in seinem Leid übersehen, ignoriert zu werden. Es ist für einen Patienten, der in akuten Schmerzen ist oder im Sterben liegt, ein Unterschied, ob ich vorbeikomme, ob ich einige Zeit an seinem Bett verbringe, oder ob ich das nicht tue. Früher ist man ja als Arzt bei einem Sterbenden oft nicht mehr vorbeigekommen, in der Überzeugung, man könnte doch nichts mehr machen.

Aber das ist eine grobe Lüge – wer immer sie herausgebracht hat. Man kann sogar bei bewußtlosen Patienten, bei Patienten im Koma noch immer etwas tun. Man kann es zumindest nicht ausschließen (und Angehörige, die sich um einen solchen Patienten kümmern, sprechen oft davon), daß der Kranke es doch atmosphärisch spürt, ob sich noch jemand um ihn sorgt oder nicht. Möglicherweise (wahrscheinlich sogar) ändert sich am Zustand faktisch nichts, aber es ändert sich etwas in der menschlichen Dimension. Von daher finde ich die Antwort, die Mutter Teresa gegeben hat, stimmig: Es *hat* sich etwas geändert dadurch, daß meine Schwestern sich sorgen. Natürlich muß man immer auf eine strukturelle Veränderung, auf eine Gesundung des Patienten hinarbeiten, wenn sie möglich ist. Aber es gibt genügend Situationen im Leben, in denen sich wirklich nichts mehr ändern läßt, strukturell und vom Leistungsdenken her. Und trotzdem ist ein Leid selten, vielleicht sogar niemals so undurchdringbar, daß es für eine menschliche Begegnung völlig undurchlässig ist.

Für mein eigenes Leben kann ich nur sagen, daß ich ohne Leiderfahrung nicht gereift wäre. Wir reden oft darüber, mein Team und ich, einfach durch die tägliche Erfahrung herausgefordert. Ich habe ein Lieblingsbild, das heißt: Der Mensch ist wie eine Zitrone. Nur wenn man sie in zwei Hälften schneidet und sie dann auspreßt, gibt sie ihren Saft her. Anders nicht. Das Auspressen, das macht dann die Situation oder der andere, weil wir das selbst nicht tun können.

Ich habe einmal im Leben eine Grundentscheidung getroffen: Ich bin nicht bereit zu verzweifeln. Eine Entscheidung zwischen zwei Optionen: entweder eine Überlebensstrategie zu entwickeln, die es mir erlaubt, in Pakistan zu bleiben und anderen eine Hilfe zu sein, oder meinen Depressionen nachzugeben und endgültig auszusteigen. Daß die Entscheidung für die Überlebensstrategie gefallen ist, hängt wohl im natürlichen Bereich mit einer Grunddisposition zusammen: Aussteigen ist offensichtlich bei mir nicht eingeplant. Im Übernatürlichen mit der immer wieder geschenkten Erfahrung des Gehaltenseins.

Das Leben wird einen zwar immer wieder in Situationen bringen, in denen einen die Kraft verläßt. Zum Beispiel während einer Krankheit, und ich bin schon genügend krank gewesen, um zu wissen, wie eine Krankheit die seelischen Widerstandskräfte schwächen kann. Aber Gott verlangt nichts von einem, das unmöglich ist. Wenn man sich etwas Unmögliches zumutet, hat man sich in der Regel in der Interpretation der Situation getäuscht. Und wenn einem doch etwas offensichtlich Unmögliches zugemutet wird, dann darf man getrost aussteigen oder, wenn das unmöglich ist, darunter zusammenbrechen, ohne daß man damit den Auftrag verrät. Denn unser Herr selbst ist unter der Last seines Schicksals zusammengebrochen.

Aber abgesehen von solchen äußersten Grenzsituationen habe ich ein ganz cooles logisches Argument: Was würde herauskommen, wenn ich mir erlauben würde zu verzweifeln? Käme ich dadurch der Wahrheit näher? Nein, denn überdies: Das Leben ist letztendlich nicht zum Verzweifeln. Das habe ich als Christ zu glauben, sonst bin ich keiner.

Wofür soll ich den Preis der Verzweiflung zahlen? Ich mache es damit auch meinen Patienten und Mitarbeitern nur schwer, die mich brauchen. Es muß ja jemand dasein, an den sie sich halten können, wenn es wirklich einmal ernst wird.

Als Christ ist mir zugesagt, daß Leiderfahrungen im Tiefsten einen Sinn haben. Oft können wir ihn später im Leben schon erkennen. Den Rest dann am Jüngsten Tag.

Ständig lebe ich in Angst

„Haben Sie keine Angst?" fragt der örtliche Regierungsangestellte besorgt, der den Brief überbracht hatte. Jenen Brief, der sagte, ich möchte das Stammesgebiet noch heute verlassen, der District Commissioner hätte seinen Jeep geschickt, er parkte auf der anderen Seite des Indus, und ich sollte noch vor Einbruch der Dämmerung zurück sein im Distrikthauptquartier.

„Warum kann ich das Sicherheitsrisiko nicht selbst auf mich nehmen?" hatte ich unseren Lepraassistenten noch gefragt. Der Einstieg ins Stammesgebiet war ungewöhnlich schwierig gewesen, unverrichteter Sache zurückfahren? Und später dann noch einmal durch diesen Alptraum gehen zu müssen? –

„Sie können natürlich", sagt Fazl, dem es offensichtlich ebenso leid tut wie mir. „Nur: daß der District Commissioner seinen eigenen Jeep schickt, ist so über alle Maßen ungewöhnlich; und wenn wir uns trotz dieser Geste dann seinen Anordnungen widersetzen, dann werde natürlich ich Schwierigkeiten haben –."

Also: Die Notfälle haben wir versorgt. Den wartenden Patienten sagen wir, wir kämen zurück, wann, das könnten wir noch nicht sagen, es täte uns schrecklich leid –. Sie hatten schon nichts Gutes erwartet, als sie den Regierungsbeamten mit dem Schreiben ankommen sahen.

Es gibt keine Brücke nach Jachiu. Aber die Jala wird uns übersetzen. Eine Jala sind rohe Baumstämme, mit Grasseilen zusammengebunden – eine Vorform des Floßes. Man stößt sie mit einem Stecken an einem strategischen Punkt in den Strom.

Die Gesichter der Menschen, die in Armut leben müssen, sind von Angst gezeichnet. Sie haben Sehnsucht nach Befreiung.

Der reißt sie, so wird mir versichert, ans andere Ufer.

Wir folgen dem Pfad zum Indus. Das Ufer ist von Felsbrocken übersät, rundgeschliffen von den reißenden Wassern der Schneeschmelze. Ich springe von Stein zu Stein. Der Indus gurgelt und dröhnt und tobt und rauscht. Ich stehe auf einem der letzten Steine am Ufer, gelassen und aufrecht. Unter mir die Jala. Erst jetzt kann ich sehen, daß sie keinerlei Reling hat, nichts, an dem man sich festhalten könnte. Nie werde ich die Minuten vergessen. Dieses überwältigende Gefühl der Freiheit. Diese Leichtigkeit. So also, dachte ich plötzlich, so würdest du also den Gewehrmündungen gegenüberstehen, so leicht, so gelassen, so bereit zum Tode –.

„Haben Sie Angst?", wiederholt Fazl die Frage. Ich lächle. „Natürlich", sage ich, „natürlich habe ich Angst. Ich bin doch weder so dumm noch so naiv, daß ich das Risiko nicht einschätzen könnte. Ich habe noch nie eine Jala benutzt."

Aber das bedeutet nicht, daß ich aus Angst das als notwendig Erkannte nicht tun würde –.

Die nächsten zehn Minuten, dem tobenden Strudel anheimgegeben, überstiegen alles, was ich mir vorgestellt hatte. Natürlich konnte ich mich aufrecht auf diesem tanzenden Stück Holz nicht halten. Die einzige Möglichkeit war, sich niederzukauern und an einen der Baumstämme zu klammern versuchen. Damit war man aber inmitten der Gischt und den über die Jala hinschießenden Wellen. Ich hatte keine Zeit, ans Sterben oder Überleben zu denken, jede Faser war gespannt in der letzten Anstrengung, nicht vom Floß gespült zu werden. Wie lange sollte diese Agonie noch anhalten?

Da, plötzlich, als wir auf eine Stromschnelle zurasen, ändert die Jala ihre Richtung, mit einem plötzlichen Ruck.

Später werde ich erfahren, das sei ja der Trick: Der Jala-Besitzer müßte genau wissen, wo und wie er seinen Stock in die rasenden Fluten zu rammen habe, sonst wäre er sowieso bei der ersten Fahrt verloren gewesen. Und das Handwerk lerne er von seinem Vater. Und der hatte es wiederum von seinem Vater gelernt. Und wer es das erste Mal ausprobiert habe?, wollte ich neugierig wissen. Daran könnte sich keiner mehr entsinnen, die Jala-Familien habe es schon immer gegeben. Nur Fazl hatte eine Erklärung anzubieten. „Der erste", sagt er, „der muß es durch Zufall entdeckt haben – der ist vom Indus fortgerissen worden und dann wundersam entronnen, und daraus hat er ein Gewerbe gemacht – denn wer würde sich rechten Sinnes ohne Erfahrung in diese Fluten trauen?!" Eine Feststellung, der ich mich nur anschließen konnte.

Oder eine andere Geschichte:

In Zentralafghanistan – sie haben uns den Jeepschlüssel abgenommen und gesagt, wir könnten nicht weiterfahren, ehe wir nicht eine Außenstation in ihrem Stammesgebiet eröffnet hätten. Der Vierzehnjährige fuchtelt drohend mit seiner Kalaschnikow vor uns herum – wann muß er seine Überlegenheit beweisen und abdrücken?

Wir sind aus dem Jeep ausgestiegen und sitzen auf einem der Felsbrocken am Straßenrand. Suchen nach einem Gesprächsthema.

Mein Blick fällt auf die Schuhe des Buben. Ausgediente Sandalen, geflickt, an zwei Stellen kunstvoll mit Bindfäden zusammengehalten. Aber darin eine wahre Sinfonie von Farben, Weiß, Rot, Blau, Grün, Orange, Violett – ein aus Wollresten liebevoll gezaubertes kleines Wunder.

„Was für schöne bunte Socken du anhast", sage ich bewundernd. Der Bub schaut überrascht nieder. Lächelt. „Die hat meine Mutter gestrickt", sagt er stolz. „O", sage ich. „Wo wohnt deine Mutter?"

Später teilen wir eine Handvoll Bonbons, die wir noch in einer Jackentasche gefunden haben, und sie teilen ihr trockenes Fladenbrot mit uns. Es wird noch weitere 26 Stunden dauern, ehe wir den Jeep zurückhaben. Die Nacht zwischen den Verhandlungen habe ich tief und traumlos in der Herberge im Bazar geschlafen, auf dem Holzfußboden zwischen unzähligen Reisenden, vom Team abgeschirmt, die die Gepäckstücke rechts und links von mir aufgetürmt hatten. In den nächsten Tagen aber wird vor jeder Barriere, an der uns die Freiheitskämpfer anhalten und unsere Identität überprüfen, mein Herz wild schlagen –. Und ich werde bei jedem Geräusch nachts aufschrecken.

Ich habe die prägenden Jahre meiner Kindheit und Jugend in Situationen verbracht, die mit Angst aufgeladen waren. Bombennächte, Besatzung, Hunger, Kälte. Diese Erfahrungen haben mich wohl in meinem Angstverhalten geprägt. Wenn ich wirklich die Angst auf ein vernünftiges Maß reduzieren wollte, müßte ich wohl eine Psychoanalyse durchführen lassen. Aber dazu habe ich keine Zeit. Und würde es auch nicht tun, selbst wenn ich Zeit hätte. Was heißt Angst auf ein vernünftiges Maß reduzieren? Angst ist entweder situationsgerecht, dann sollte man sie nicht zurückdrängen, sondern die entsprechenden Vorsichtsmaßnahmen treffen, damit man die beherrschbaren Dinge beherrschen kann. Oder Angst ist irrational und damit zunächst einmal unvernünftige Angst.

Berechtigte Angst habe ich, wenn ich auf Straßen und Pisten unterwegs bin, auf denen jederzeit etwas passieren kann. Die spiele ich dann aus Verantwortung dem Team gegenüber herunter. Allerdings treffe ich die nötigen Vorsichtsmaßnahmen und sorge dafür, daß die Bremsen in Ordnung sind. Es gibt zwei Arten von Tugenden: die eine erwirbt man, wenn man vorgibt, sie zu haben, die zweite verliert man. Die erste ist der Mut, die zweite die Demut.

Ich glaube nicht, daß irgend jemand in meinem Team weiß, daß ich ständig in Angst lebe. Was mich diese immer anwesende Angst durchhalten läßt, ist die Überzeugung, daß hinter meinem Leben ein Lebensplan steht, den ich jemandem verdanke, der mich liebt. Wenn ich diese Grundüberzeugung nicht hätte, also mich nur dem reinen Zufall überantwortet wüßte, dann würde ich mit meinem Angstpotential nicht kreativ umgehen können. Ich bin wirklich kindlich dankbar, daß bei mir in schwierigen Situationen die Angst nicht durchschlägt, daß ich cool bleiben kann um der anderen willen. Da läuft ein Computerprogramm ab, auf das ich mich verlassen kann. Entscheidend ist, daß ich Angst als einen grundlegenden Bestandteil meines Lebens annehme, daß ich weiß, es gibt keine Angstfreiheit. Es gibt bestimmt keinen normalen Menschen, der angstfrei ist, denn der hätte die Wirklichkeit einfach nicht wahrgenommen. Was man erreichen kann, ist, daß Ängste einen nicht lähmen, nicht zu dem Punkt, daß man sie nicht abschütteln könnte. Für mich das Ergebnis eines lebenslangen Trainings und vieler Tricks, z. B.: daß ich in solchen Augenblicken den Rosenkranz in der Tasche fühle (und, wenn ich Zeit habe, ihn bete). Das vor allem in Augenblicken, in denen die Atmosphäre geballt angefüllt ist mit Negativem, mit Bösem. Mit einer Angst, die mir angst macht. Da habe ich dann auch das Gefühl, daß ich mich nicht alleine der Flut entgegenstemme, sondern daß in diesem Gebet, diesem seit Jahrhunderten praktizierten Rosenkranzgebet die geballte Kraft der Fürbitten der Kirche ist, all die Tränen der Mütter, der Trotz der Zeugen, das Vertrauen der Familien – das schafft mir Freiräume, die mich wieder atmen lassen.

Man muß einen Weg finden, mit der Angst so weit selber umzugehen, daß man den andern damit nicht belastet. Bei ganz normalen kleinen Ängsten lohnt es sich zweifellos, einfach einmal hinzusehen, was denn dahintersteckt. Das habe ich von meiner Mutter gelernt: Wenn in unserem Hause irgendein seltsames Geräusch zu hören war oder es irgendwo gekracht hatte, dann war sie immer die erste, die sofort aufstand und nachschaute, was denn die Ursache dafür sei. So halte ich es jetzt auch. Dadurch gewinne ich Zeit, die ich sonst in Angst verbringen würde.

In 99,9 Prozent der Fälle erhält man dann auch eine befriedigende Erklärung. Allerdings kenne ich auch die Panik, die absolut panikartige Angst, in der ich mich dann nur noch in die Arme dessen flüchten kann, der für mich verantwortlich zeichnet und der mich liebt. Ich habe aber eine ziemlich unüberwindbare Hemmung, bei solchen Erfahrungen mit christlich, spirituell oder theologisch vorgegebenen Sätzen zu operieren.

Der einzelne ist ohnmächtig – Was können wir tun?

„Das schaffen Sie nicht", sagt der Staatssekretär des öffentlichen Gesundheitswesens, „die Ärzteschaft ist gegen Sie, mit dieser kostenfreien Ausheilung der Tuberkulose verderben Sie denen das Geschäft ..."

Vor 35 Jahren haben wir die Lepra-Abteilung des Gesundheitsministeriums dieses zweitkorruptesten Landes der Welt in unsere entschlossenen und behutsamen Hände genommen. Wir haben an sie geglaubt, ihnen vertraut. Sie waren es nicht gewöhnt. Wir haben gegen allen Unverstand auf die Sehnsucht ihrer Herzen gebaut – und haben heute Lepra landesweit im Griff. Sind dabei, Erblindung und Tuberkulose gleichermaßen anzugehen, mit der nächsten Generation der Lepraassistenten.

Rahila, Mutter von fünf Kindern, ist vor zwei Monaten gestorben, Bluthusten. Im letzten Monat ihre älteste Tochter. Die dritte Tochter haben wir gestern auf Tuberkulosemedikamente gesetzt – ein frühreifes, verhärmtes krankes Kind. – Es ist genug.

„Die Tatsachen werden sie überzeugen", sage ich. Irgendwo träumen wir doch alle, daß jemand trotz allem durchhält und weitermacht und nicht zynisch wird – es wird Zeit in Anspruch nehmen – aber es wird kommen –.

Mit den Lepratuberkuloseassistenten werden wir schon in dieser Woche die Angriffsstrategie ausarbeiten. Im Jahre 2020 wollen wir in den Gebieten, in denen wir arbeiten, die Tuberkulose sowie die Lepra im Griff haben.

Vielfach klagen Menschen heute darüber, daß sie als einzelne nichts Entscheidendes tun können, daß sie sich als ohnmächtig erfahren. Ich zögere mit einer Antwort, weil ich in vieler Beziehung in einer Sondersituation gewesen bin. Nicht, daß die Sachzwänge in Pakistan geringer sind als in Deutschland. Das sind sie ganz sicherlich nicht. Sie sind vielleicht weniger eingefroren als in Deutschland. Trotzdem: wir haben etwas tun können, denn schließlich haben wir ja die Lepra in den Griff bekommen. Und das in einem Lande, das wesentlich größer ist als Deutschland und das praktisch keine funktionierenden Infrastrukturen hat.

Es läßt sich also doch etwas machen – allerdings als einzelner allein nicht. Als einzelner kann man anfangen, muß sogar anfangen (denn der erste Impuls kommt immer von einem einzelnen). Aber dann braucht man das Team, die Gruppe, die uns trägt und die Idee mit uns durchführt – wenn der einzelne allein bleibt, verurteilt er sich selbst zur Unfruchtbarkeit (weil Befruchtung biologisch und auch sonst eben nur in der Begegnung geschieht). Wo viele kleine Leute sich zusammentun, können sie zweifellos etwas verändern. Die oft gehörte Klage über die Ohnmacht, in Deutschland wirklich etwas zu verändern, wundert mich insofern ein bißchen, als sie von einer Generation kommt, die sich nun wirklich selbst bewiesen hat, daß das Volk eine Revolution von der Stange brechen konnte, von der keiner zu träumen gewagt hätte. Eine sanfte und eine erfolgreiche Revolution. Ich nehme die Wiedervereinigung Deutschlands oft als Beispiel, wenn Menschen mich hier fragen, was sie wirklich tun und verändern können. Die Frustration und die Entmutigung sind ja in Pakistan auch nicht geringer. Passivität ist eine kulturell sanktionierte Reaktionsweise. Ich bin schon froh, wenn jemand überhaupt noch fragt. Dann nehme ich Deutschland als Beispiel. Oder das Lepraprogramm.

Ich habe oft meine Zweifel, warum ich nach Deutschland zur Informationsarbeit kommen soll. Auch bei mei-

Es liegt auch an uns, ob diese Kinder eine Zukunft haben. Ihre skeptischen Blicke fragen uns.

nen Büchern habe ich mich immer wieder gefragt, wie weit ein Leben, so wie ich es lebe, für andere überhaupt hilfreich sein kann? Wenn es bei mir nur um die Botschaft gehen würde: Wenn du aussteigst, kannst du etwas tun, dann wäre es die oberflächlichste Interpretation, die man herauslesen könnte. Und sie wäre keine Hilfe. Es kann ja schließlich nicht jeder aussteigen. Es soll ja auch nicht jeder aussteigen. Aber wenn man den Karren wieder anschieben will, muß man aussteigen. wenn man drin sitzen bleibt, bleibt er stehen. Nur wenn jeder mitschiebt, kann man den Wagen flottmachen und am Laufen halten. Nur wenn es hier in Deutschland, Österreich, der Schweiz Menschen gibt, die die Finanzierung sicherstellen, werden Menschen in Pakistan sich nicht entmutigen lassen, trotz aller Widerstände.

Im täglichen Dennoch, im Mut zum Anfangen und in der Beharrlichkeit im Durchhalten konkretisiert sich die Verantwortung des einzelnen. Natürlich ist es wichtig, daß wir selber wissen, was wir eigentlich ändern wollen und warum, und wie wir's angehen wollen. Mit verschwommenen Zielvorstellungen kommen wir nicht weiter. Da muß schon jeder selbst kreativ werden. Sich umschauen, was es für Initiativen gibt, denen er sich anschließen möchte. Und dann den Mut haben, die kleinen Schritte zu tun, wenn sich die großen nicht, vielleicht noch nicht durchführen lassen.

Hinsehen, wahrnehmen, was ist

„Sie wußten nicht, daß Ziarats Söhne im Gefängnis sind?" sagt Ilyas.

„Nein!" sage ich entsetzt.

„O", sagt Ilyas, „ich dachte, man hätte es Ihnen gesagt. Der Mörder ihres Vaters ist im Hinterhalt erschossen worden, jetzt sind sie angeklagt, die Rache ausgeführt zu haben."

Ziarat. Unser erster Leprahelfer aus dem Himalaya. Er war beim Terroristenangriff auf unser kleines Krankenhaus in Gilgit ums Leben gekommen. Ich hatte es als eines der großen Geschenke meiner Pakistanzeit empfunden, daß nach langer Trauerarbeit die Jungen auf die Blutrache verzichtet hatten.

Und jetzt?

Rawalpindi – Gilgit – anderthalb Stunden Flug in den kleinen Fokkermaschinen, das geht ja, aber bei dem Wetter fliegen die Maschinen nicht – dann heißt es einundzwanzig Stunden Busfahrt, über die mörderische Induspiste, und man weiß nie, wie viele zusätzliche Stunden einen noch einer der Bergrutsche aufhält ... Es wird soviel gemordet in Pakistan, und die Taten werden nie aufgeklärt ...

„Besorg mir einen Busschein", sage ich zu Ilyas, „besser ich fahre, ehe mir der Entschluß leid tun wird."

Der Tatbestand scheint im ganzen Dorf bekannt zu sein. Bei dem Terroristenangriff auf das Krankenhaus, bei dem Ziarat ums Leben kam, wurde auch ein Grenzpolizist getötet, der gerade einen Patienten besucht hatte. Seine Kollegen haben ihn gerächt – das war eine ungefährliche Sache, weil die Söhne Ziarats leicht verdächtigt werden konnten, die Stammesgesetze verpflichten sie zur Blutrache, wer weiß, daß sie in der Zwischenzeit ein anderes „Gesetz" kennengelernt und sich ihm verpflichtet haben? Die Söhne wurden auf der Polizeistation gefoltert, bis der Älteste den Mord zugab.

Das erste, was ich will: die Jungen sehen.

Gott ist mit uns. Wir haben, ohne es zu wissen, dem Gefängnisdirektor einen großen Dienst erwiesen: Wir haben einem begabten jungen Mann aus den Bergen des Karakorum in Karachi zu einem Studienplatz verholfen. Das war sein Sohn. Der Vater ist froh, mir einen Gefallen tun zu können. Er „bittet" den Gefangenen Dildar ins Besuchszimmer. Redet ihn mit „Herr Dildar" an.

Dildar gibt mir die Hand. Setzt sich. Schweigt.

„Es tut mir wahnsinnig leid, daß ich so spät gekommen bin", sage ich. „Ich wußte es nicht."

Dildar schaut kurz auf.

„Wo ist Ihr Bruder?" frage ich.

„Ich habe mich für ihn verbürgt", sagt Dildar, „er ist auf Kaution freigesetzt."

„Aber jetzt weiß ich es" sage ich.

Was sonst können wir uns im Beisein des Gefängnisdirektors sagen?

„Mein Sohn wird im nächsten Monat seine Prüfung als Lungenfacharzt ablegen", sagt der Gefängnisdirektor im Hinausgehen. „Ohne Ihre Fürsprache hätte er die Chance nie bekommen."

Mohammed Ali wartet vor dem Gefängnis auf mich, mit dem Jeep. „Mehr brauchen Sie nicht zu machen", grinst er. „Sie haben nicht gewußt, daß Dildar solche wichtigen Verbindungen hat." Ich schwöre wieder einmal, den Staatssekretärstitel nicht aufzugeben.

„... Aber es ist besser, wenn Sie wieder zurückfahren", sagt Mohammed Ali. „Die Schiiten haben uns gedroht, weil wir uns für einen Sunniten einsetzen, und sie meinen, wir hätten Sie gebeten zu kommen –."

Den Menschen – buchstäblich – in die Augen sehen. Wahrnehmen, ob zu helfen ist. Hineinschauen.

Einundzwanzig Stunden Busfahrt, noch einmal ... Ich habe seit meiner Ankunft in Gilgit noch nicht geschlafen. „Es könnte sonst kritisch werden“, sagt Mohammed Ali. Und tröstend: „Bergab machen sie es in achtzehn Stunden ...“

In den nächsten Tagen zahlen wir noch die Gerichtskosten aus dem „Verfügungsfond“, den unsere Freunde uns für Härtefälle zur Verfügung stellen. Danach sind die Jungen frei.

Es gilt, die Wirklichkeit so zu sehen, wie sie ist. Auch wenn der Mensch sie nicht versteht. Das ist gar nicht so einfach: etwas in seinem Eigen-Sein so zu sehen, wie es ist; zumal, wenn man es nicht versteht. Oft braucht man Mut, wirklich hinzusehen. Den Mut, sich weh tun zu lassen.

Und oft muß ich mich zurücknehmen, damit mich mein Schatten nicht an der rechten Wahrnehmung hindert. Das ist eine Einsicht der Psychologie, aber wir wissen das natürlich schon viel länger: Das ist auch eine Einsicht der christlichen Kardinaltugenden (es lohnt sich oft, in alten Schätzen zu kramen!). Tapferkeit: die Bereitschaft, sich um des größeren Gutes willen weh tun zu lassen. Und Klugheit: den Dingen den Eigengeschmack nicht zu nehmen, und sie sich so schmecken zu lassen, wie sie sind.

Eine wichtige, noch nicht bewältigte Frage war für mich, wie ich mit der deutschen Vergangenheit umgehen soll. Ich habe dazu wohl so lange gebraucht, weil ich nie Abstand gewonnen habe. Für mich ist die Vergangenheit eben nie Vergangenheit geworden, sondern hat sich bruchlos in die Erfahrung der pakistanischen Gesellschaft fortgesetzt. In Pakistan kennt man für Konflikte nur Gewaltlösungen. Ich lebe also wieder in einem Lande, in dem alle die Dinge vorkommen, über die ich im Nachkriegsdeutschland so erschrocken bin. Abstellen?

Man kann nur kleine positive Aktionen auslösen oder

bei positiven Aktionen mitmachen. Und trotzdem: Es ist wichtig, daß man anfängt. Wenigstens versucht, etwas im Kleinen zu bewegen. Denn daraus, so hoffen wir doch alle (und die Geschichte gibt uns wohl auch recht), daraus, und nicht ohne sie, wachsen die großen Veränderungen. Nichts, was gesät wird, zum Guten oder zum Bösen, geht verloren. Das ist unsere erschreckende Verantwortung.

„Das können wir nicht ändern", sagt Kushan Shah.

„Wieso nicht?" braust Ilyas auf.

„Die Sitten sind so", sagt Kushan Shah. „Und die Regierung hat uns sowieso nicht genügend Planstellen genehmigt. – Und da sollen wir die Frauen sterben lassen? Und Resistenzen verursachen, weil wir die Überwachung nicht garantieren? Und weiter diese Ping-Pong-Tuberkulose behandeln?" Ilyas hat sich in Zorn geredet.

Ich bin froh, daß die Reaktion im Team in der Regel so ist. Daraus entspringt neue Entschlossenheit, Suche nach neuen Wegen, konstruktive Kritik am Bestehenden.

Sollen wir die Hindus der Willkür der Polizei überlassen oder uns schützend vor sie stellen, obwohl das unser Mandat übersteigt? *Jetzt* etwas für sie tun, und dann, danach, nach Mitstreitern suchen, die es weiterführen?

Tägliche Fragen, tägliche Konflikte.

Näherliegende: Sollen wir Patienten und ihren Familien zu einer Bleibe verhelfen, auch wenn wir wissen, daß wir das nicht für alle tun können?

Ich glaube, die schwerwiegendsten Sünden sind das Wegsehen und die Gleichgültigkeit. Das wirklich Furchtbare ist das Abschreiben, die Erfahrung, daß ich dem anderen nicht einmal mehr hassenswert bin. Die Gleichgültigkeit ist wirklich die unmenschlichste Art aller Verfehlungen. Diese Einsicht versuchen wir auch im Team weiterzugeben. Wirkliche Veränderungen wachsen nur auf einem Boden, der vorher durch Opfer und Proteste vorbereitet ist. Wenn keine Opfer gebracht werden, wenn sich kein Protest erhebt, dann bleiben die Dinge so schlecht, wie sie immer waren und bleiben werden. Die Gleichgültigkeit ist die Erzfeindin jeder Veränderung. Wir müssen aus diesen ewigen theoretischen Diskussionen und Streitereien herauskommen. Die Nöte der Menschen sind immer konkret.

Der Knackpunkt liegt darin, wie wir theoretische Einsichten in konkretes Handeln überführen können. Wenn das nicht geschieht, endet alles in lähmender Enttäuschung. Geschehen wird nur etwas, wenn wir unsere persönliche Überzeugung ins Spiel bringen und bereit sind, uns die Verwirklichung unserer Träume auch etwas kosten zu lassen. Was kann ich als einzelner tun? Die Antwort hängt davon ab, was ist das Ziel meiner Träume? Wenn ich die leidfreie Gesellschaft, das problemlose Leben haben will, dann laufe ich einem Ziel nach, das ich weder allein noch in irgendeiner Gruppe erreichen kann. Es gibt Situationen im Leben, in denen man wirklich nichts mehr machen kann, außer daß man einem Menschen die Hand hält und ihn spüren und fühlen läßt, daß jemand bei ihm ist. Es geht also um unsere Zielvorstellung, um das, was uns wichtig ist: die perfekte kalte Gesellschaft oder eine Gesellschaft mit menschlicher Wärme. Wärme wird in der Regel durch Reibung erzeugt. Das Endergebnis der perfekten und reibungslosen Gesellschaft ist die Kälte. Vielleicht läge ein wenig Hoffnung darin, wenn wir uns Nahziele setzten, und nicht nur immer den großen Wurf diskutieren würden. Bei der Verwirklichung von Nahzielen kann dann auch die entsprechende Reibung entstehen, die, wie gesagt, wieder zu Wärme umgeformt werden kann. Das Entscheidende bleibt, daß man hinsieht, daß man nicht wegsieht, daß man den Mut hat, die Wirklichkeit so zu sehen, wie sie ist, und trotzdem zu beginnen.

Ich habe keine Alterspanik

Die Post-Dr.-Pfau-Ära (die Zeit nach Dr. Pfau) – ich habe mir soviel Mühe gegeben, meinen „Abtritt" nicht zum Tabu-Thema werden zu lassen. Ich wollte, daß sie offen darüber sprechen – und möglichst bald zu einer Entscheidung finden. Ich wollte wirklich mit 65 Jahren frei sein, und jetzt bin ich schon 69.

„Ich mag das Wort nicht", sagt Hamid. Wir sitzen auf dem bunten Läufer im Tagungsraum in Manghopir und planen die Arbeit fürs neue Jahr. „Wir", das sind die Leprosy Field Officers, die jeweils für die Durchführung der Maßnahmen in einer Provinz verantwortlich sind.

Hamid ist verantwortlich für Belutschistan.

„Ich mag den Ausdruck nicht", sagt er.

„Warum nicht?" will ich wissen.

Er schaut mich an. Wenn diese Wärme in seine dunklen Augen steigt – ich bin immer wieder überwältigt. Herrgott, was hast du dir mit einigen Menschen doch für Mühe gemacht – so viel Zärtlichkeit in sein Herz gesenkt und soviel Klarheit in seinen Verstand.

„Vielleicht können Sie das in Ihrer Heimat so sagen –."

Die Aufmerksamkeit der Gruppe hat sich Hamid voll zugewandt.

„Wie sagen Sie da? Wegwerfgesellschaft. Das Wort klingt nach Wegwerfgesellschaft. Aber wir möchten, daß Sie bei uns sind. Sie haben uns Dinge zu geben, die uns kein Mensch sonst geben kann –."

Aber was tut man dann, wenn man alt wird? Das ist doch normal, daß man dann nicht mehr so kann.

Nein, mit dem Tatbestand haben sie keine Schwierigkeiten. Das ist in der Tat normal. Hamid hat einen Vorschlag. „Wir ziehen das Wort aus dem Gebrauch", sagt er, „und sagen dafür: Sie haben ein Recht, jetzt auf dem Charpay zu sitzen und zuzuschauen, wie Ihre Söhne arbeiten." Einstimmig akzeptiert die Gruppe das Bild. „Dann fühlen wir uns nämlich verpflichtet, die Verantwortung für die Arbeit zu übernehmen und uns nicht immer wieder ausschließlich auf Sie zu verlassen."

Das ist also ihre Zielvorstellung: nicht, daß ich mich voll in eine neue Aufgabe stürze, „solange ich noch kann". Sondern: daß man dabeibleibt. Zuschaut. Zuhört. Feierabend. Daß ich Zeit habe und sie kommen können und Kräfte tanken. Von der Erfahrung eines langen Lebens lernen. Ich würde zuhören –. Und manchmal raten.

Ob ich das kann? Ob ich es überhaupt will? Wo noch so viel zu tun ist, *so viel zu tun ist?* Was geschieht dann mit meinen Träumen vom Einsatz für die Menschenrechte, die immer noch recht aktivistisch aussehen? – Mit all den anderen geplanten Aktivitäten?

Das Alter ist genauso wie alle anderen Lebenszeiten. Es ist nicht einfach, weil das Leben nicht einfach ist. Und es ist schön, weil das Leben schön ist.

Das Alter hat seine eigenen Schwierigkeiten. Eigentlich hatte ich ja vor, das Alter wirklich zu erleben, mich ganz darauf zu konzentrieren, diesen Lebensabschnitt ganz auszuschöpfen. Aber im Augenblick habe ich dazu einfach nicht die Zeit. Ich lebe weitgehend so, wie ich immer gelebt habe, und das natürliche Nachlassen der Kräfte, das ich verspüre, kompensiere ich vermutlich meistens. Manchmal versuche ich auch neue Lösungen, aber oft ist das nicht. Ich hätte mit 65 gern mein Leben grundlegend geändert, aber es ging nicht so, wie ich das gewollt und geplant hatte. Jetzt verändere ich es sehr schrittweise, sehr, sehr schrittweise. Noch ist es vermutlich sehr viel einfa-

Alte Menschen brauchen besondere Zuwendung und genaueres Hinhören. Darin sind sie den Kindern gleich.

cher, in Asien alt zu werden als im Westen. Es ist aber jetzt schon zu erkennen, daß meine Generation die letzte sein wird, in der Alte noch die Ausnahme bilden. Mit 69 habe ich nicht viele um mich, die das gleiche Alter haben. Mein Alter wird in Pakistan selten erreicht. Trotzdem fängt die Not der Alten schon so langsam an. Früher waren alte Menschen nur in Nöten, wenn sie keine Kinder hatten.

Heute?

„Die Nachbarn geben mir von ihrem Essen ab – was übrig ist", sagt Mahbibi. „Und mal ein abgetragenes Kleid. Aber Seife, Streichhölzer, eine Kerze – wo soll ich das hernehmen, wenn ich keinen Pfennig habe?"

„Haben Sie keine Kinder?" frage ich. „Kinder?" sagt Mahbibi bitter. „Ich habe fünf Söhne geboren und großgezogen. Aber wer kümmert sich heute schon um die Alten?"

Nein, das hätten wir vor sieben, zehn Jahren noch nicht gehört ... Die alten Wertvorstellungen brechen mit einer erschreckenden Schnelligkeit zusammen, vor allem (aber nicht ausschließlich) im städtischen Milieu.

Trotzdem heißt es für mich: Ich lebe in keiner Seniorenkultur, einfach weil es die Senioren noch nicht gibt, die solch eine Kultur ins Leben rufen könnten. 45 Prozent der Bevölkerung sind 15 oder jünger, 50 Prozent unter 20 Jahre alt. Wo findet man da alte Menschen? Die Lebenserwartung liegt bei 57 Jahren. Die Situation ist aber in den unterschiedlichen Regionen des Landes sehr verschieden, so daß man schwer einen Mittelwert nennen kann. Wenn im Himalaya einer 45 Jahre alt wird, ist das schon viel. In den Städten ist es dann schon anders, aber da auch abhängig von der sozialen Schicht (d. h.: vom Zugang zu ärztlicher Versorgung). Diese gesellschaftliche Situation hat es mir auch nicht erleichtert, ein Modell des Altwerdens für mich zu finden, das sowohl in die pakistanische Kultur paßt als auch meinem Lebensentwurf gerecht wird. Wenn ich meinem Team sage, daß ich gerne gehen möchte, dann verunsichere ich sie. Das habe ich anfänglich nicht geglaubt, aber es ist wirklich so (ich habe es durch eine ganze Reihe zuverlässiger unabhängiger Instanzen abchecken lassen!). Das letzte, was ich möchte, ist den Eindruck erwecken, daß ich an meinem Job klebe und nicht abtreten kann. Dabei muß ich, verrückterweise, wegen meiner sozialen Absicherung mehr darauf achten, daß ich nicht den Eindruck erwecke, ich wollte mich aus ihren Schwierigkeiten heraushalten (Pakistan ist ja im Moment in einer Krise, die sich nur zuzuspitzen scheint, ohne Hoffnung auf Lösung) und mir ein ruhiges Alter gönnen und sie mit ihren Problemen allein lassen. Was tun? Sie langsam überzeugen, daß mein Herz auch dann für sie schlagen wird, wenn ich mal nicht mehr, wie noch heute, die meiste Zeit auf Reisen verbringen werde, einfach weil ich nicht mehr so kann. Ursprünglich habe ich ja gedacht, daß ich Reisen nie sattkriegen würde. Ich habe gedacht, wenn ich einmal im Ruhestand bin, dann werde ich noch die Gebiete bereisen, die ich aus Dienstgründen nicht bereist habe (weil es eben dort keine Lepra gab). Aber das ist jetzt vorbei – was ich noch nicht kenne, das kommt auf meine eschatologische Liste. Ihr Umfang wird immer größer.

Einer Alterspanik könnte ich mich auch noch aus einem anderen Grunde nicht hingeben. Da ich nun einmal Christin bin, glaube ich eben, daß auch diese alten Jahre – ich hoffe, es werden keine 80 – selbst wenn es 80 werden, gemessen an der Ewigkeit, erst der Anfang sind. Wir machen ja in jedem Alter immer noch gerade unsere ersten Schritte. Wir haben ja immer, egal wie alt wir sind, unser Potential noch nicht ausgeschöpft. Wir haben auch im hohen Alter noch nicht einmal richtig angefangen.

Ich habe auch deswegen keine Alterspanik – und da bin ich in einer privilegierten Situation –, weil ich weiß, daß diejenigen, die mich einmal pflegen müssen, wenn ich pflegebedürftig bin, das nicht als Last empfinden werden. Meine Mitschwestern würden eine solche Situation als selbstverständlich zum Leben gehörend annehmen und sie überhaupt nicht hinterfragen. Es ist gut zu wissen, daß ich von einer Gemeinschaft getragen werde, die mich auch in der schlimmsten Situation als eine der ihren annehmen wird.

Was ich noch an Plänen habe? Wenn ich einmal Zeit hätte, würde ich gern die Natur genießen (Beobachtungsbuch führen!), ich würde gerne lesen, ich würde auch gerne schreiben, um einmal meiner Korrespondenz Gerechtigkeit widerfahren zu lassen. Ich habe eine Menge Freunde, mit denen es über die Jahre hinweg nur einen minimalen Kontakt gab, den ich gern wieder ausbauen würde. Aber gegenwärtig ist rundum noch so viel zu tun, daß an die Verwirklichung dieser Wünsche nicht zu denken ist.

Aber auch wenn nichts Dringendes zu tun wäre – daß ich mich langweilen würde, das kann ich mir im Augenblick schwer vorstellen (vielleicht auch auf dem Hintergrund meines noch sehr beschäftigten Lebens). In Pakistan leben und nichts tun, das steht jetzt schon eindeutig fest, das könnte ich nur, wenn ich aus Gesundheitsgründen mal zur Arbeit nicht mehr in der Lage bin. Und mir vorzustellen, ich müßte irgendwo in einem Altersheim zu Hause stillsitzen, das würde ich wohl echt nicht packen. Sicher, wenn es irgendwann mal so käme, müßte und würde ich es doch packen, aber im Moment ist die Vorstellung für mich doch sehr fremd. Hier ist die Situation einfach so, daß, wenn man noch ein bißchen Kräfte hat, sich einem einfach so viel aufdrängt, daß man immer noch etwas tun kann und etwas tun muß.

Wenn mich das Schicksal einmal in ein Altersheim verschlüge, dann würde ich als erstes eine Lebenschronik meiner Mitbewohner herausgeben. Zeitzeugen. Das müßte doch sehr interessant sein. Sie können sicher so viel erzählen, einige können wahrscheinlich auch selbst schreiben, viele haben bestimmt noch alte Fotos. Diese Generation hat so viel erlebt, daß die Niederschrift ihrer Erlebnisse auch für andere eine Hilfe wäre. Also, es gäbe wirklich noch genug zu tun.

Gerne würde ich noch einmal Zeit haben, tiefer nachzudenken. Ich sage ja nicht, daß das Leben mich zur Oberflächlichkeit gezwungen hat, bestimmt nicht. Ich war aber trotz der vielen Wartepausen und Stunden im Jeep ständig mit irgendeinem konkreten Problem beschäftigt, das irgendwie gelöst werden mußte. Das hat meine ganze Zeit verschlungen. Obwohl eben genau diese Probleme des Alltags seit der Menschwerdung unseres Herrn eine mystische Dimension haben.

Frauen in einer islamischen Gesellschaft? – Die Frage gab es einfach nicht

Sie wollten eine „Vorlesung über Aggression" haben, „damit wir wissen, woher das kommt, dann können wir besser damit umgehen".

„So wie Sie das mit der Transaktionsanalyse getan haben."

„Sie" – das ist meine Kerntruppe. Die Leprosy Field Officers, verantwortlich für die Durchführung der Maßnahmen in einer Provinz, Lepraassistenten, im Regierungsdienst zur mittleren Beamtenlaufbahn aufgestiegen.

Mir ist es recht. Ich entschließe mich, es am Beispiel „Gewalt gegen Frauen" durchzuspielen. Was ist das Profil des Mannes, der in der Ehe Gewalt anwendet? Was sind die Beweggründe? Was sind die Schäden? Jeannine hat die nötige Literatur, die mich auf den neuesten Stand bringt.

Die Zahlen sind erschreckend: Von 100 000 Müttern, die in Pakistan entbinden, sterben 500 unter der Geburt, die höchste Rate in der Welt, obwohl Pakistan bei weitem nicht die schlechtesten Gesundheitsdienste im Weltdurchschnitt hat.

Alle drei Stunden wird in Pakistan eine Frau vergewaltigt, die Hälfte der Opfer sind unter fünfzehn Jahren.

Täglich stirbt in Pakistan eine Frau durch Gewalt in der Ehe; gerichtlich verfolgt werden solche Fälle nicht.

Gewalt gegen Frauen nimmt zu; im Pandschab, in Sindh sind Frauen nackt durch die Straßen paradiert worden, als Racheakt gegen die Männer; ein Verbrechen, das noch vor fünf Jahren in Pakistan undenkbar gewesen wäre. Karokari, besonders in Sindh: Man entledigt sich einer unliebsamen Frau durch Mord, nachdem man sie des Ehe-

Die Entwicklung geht langsam voran. Immer noch müssen Pakistans Frauen ein abgetrenntes Leben führen.

bruchs verdächtigt hat, und das mit einem Mann, der genügend Geld hat, sich aus dem Verdacht herauszukaufen, dann hat man auf zwei Ebenen profitiert. Natürlich alles ungesetzlich, aber wer sagt, daß wir in einem Rechtsstaat leben?

Die Gruppe ist schweigsam. Gespannteste Aufmerksamkeit.

Woher die Übergriffe? Jetzt sogar in der Öffentlichkeit, unvorstellbar noch vor fünf, zehn Jahren.

Falsche Erziehung. Der Junge darf alles.

Die Unsicherheit des Mannes in seiner Rolle; er ist den an ihn gestellten Erwartungen nicht mehr gewachsen, seit ihn keine intakte Großfamilie mehr trägt.

Besonders die Überzeugung des Mannes von der gottgewollten Minderwertigkeit der Frau: Ihr wird die Würde als Mensch nicht zuerkannt, sie ist Eigentum des Mannes, Objekt. Und mit einem „Ding" kann man umspringen, wie man will.

Noor Samad erzählt eine Kindheitserfahrung. „Einmal", sagt er, „wollte ich spielen. Aber der Platz war so schmutzig; meine kostbaren Papierschnitzel wären auch schmutzig geworden, ich holte mir also schnell den Besen, um mein Spielareal sauberzufegen. Meine Mutter hatte mich beobachtet. Kam kreischend und in Tränen angestürzt: ‚... bin ich denn gestorben? Ist deine Schwester tot?' und riß mir den Besen aus der Hand ..." Und Ashraf, nachdenklich: „Wir haben bis jetzt nicht gewußt, daß aus so kleinen Wurzeln so viel schreckliches Elend entsteht –. Sie müssen uns die Fakten schriftlich geben. Dann werden wir mit unseren Freunden sprechen – und sie wieder mit ihren Freunden –, und dann werden wir doch eine Änderung in Gang bringen, langsam, so haben wir es ja auch mit den Vorurteilen gegen die ‚Aussätzigen' getan."

Ich schöpfe wieder Mut.

Da geht es lang, meine Herren … Ich habe den Wunsch, einmal anders zu leben als meine Mutter.

Daß die Stellung der Frau in einer islamischen Gesellschaft wie Pakistan hier und da hinterfragt wird, ist ein ganz neues Phänomen. Die Frage gab es vorher einfach nicht. Die Frauen hatten ihre untergeordnete Rolle total verinnerlicht; und die Männer haben von dieser Rollenverteilung nur profitiert und hatten deshalb keinen Anlaß, sie zu hinterfragen. Ich bin ja schon froh, daß es so weit gekommen ist, daß man in einigen kleinen Kreisen die Frauenfrage wirklich stellt. Ich kann auch bei meinen Mitarbeitern heute ganz anders ansetzen, als ich das noch vor zwölf bis fünfzehn Jahren hätte tun können. Im kleinen beginnen sich die Dinge zu ändern. Ein Beispiel: Während eines unserer Workshops im Norden von Pakistan im Gebirge, wo es wunderschöne Bergblumen gibt, hat einer meiner Mitarbeiter einen ganzen Strauß gepflückt, um sie seiner Frau in Karachi mitzubringen. Wie er das machen wolle, frage ich, „Karachi ist über 2000 km entfernt, die Blumen sind doch längst verwelkt, wenn du zu Hause ankommst?" – „Ach", sagt er, „ich stecke den Blumenstrauß in meine Hosentasche, und wenn ich dann zu Hause die verwelkten Blütenblätter heraushole und meiner Frau sage, daß ich an sie gedacht habe, da wird sie sich riesig freuen." – „Und warum kaufst du ihr dann nicht gelegentlich einen Blumenstrauß in Karachi und bringst ihn ihr mit?" will ich wissen. Azadar zögert. „Das kann ich einfach nicht wegen meiner Umgebung", sagt er, „die lachen mich aus und würden mich überhaupt nicht verstehen." – Also bin ich schon froh darüber, daß sich jetzt so kleine Ansätze zeigen.

Für mich persönlich hat sich die Frauenfrage ganz anders dargestellt, weil ich „Weiße" bin. Meine Anfangserfolge im Lepraprogramm habe ich viel stärker der Tatsache zu verdanken, daß ich eine junge Frau war, als daß ich von meinem Beruf etwas verstand. Das habe ich alles erst hinterher erfahren. Die Faszination damals, die mir meinen

Bekanntheitsgrad eingetragen hat, war zweifellos darauf zurückzuführen, daß es keine jungen Frauen, daß es überhaupt keine Frauen im öffentlichen Dienst gab. Damit mußte jemand, der das so selbstverständlich wie ich für sich in Anspruch nahm, natürlich Furore machen. Das Gute war, daß ich das damals einfach noch nicht gewußt habe. Ich verdanke vieles meiner Naivität und der daraus entspringenden Handlungsfreiheit. Wenn ich nach Pakistan gekommen wäre mit der Vorinformation, daß die Frau hier eine untergeordnete Stellung hat, dann wäre ich wahrscheinlich schon mit Aggressionen auf meine Kollegen zugegangen, und die Freundschaften mit Männern, die sich während dieses ganzen Weges entwickelt haben, hätte ich mir am Anfang schon verdorben. Ich habe die Sonderstellung der Frau dadurch atypisch erfahren, daß ich Ausländerin war, daß ich eben von niemandem abhing, daß ich schon sehr zeitig und sehr deutlich gesagt habe, daß ich als Ordensfrau vergeben sei, und das endgültig, und daß Pakistan auf mich einen Anspruch erheben könne, aber kein Pakistani. Dadurch hatte ich Freiheitsräume, von denen eine Frau hier in Pakistan nicht träumen kann oder die sich eine Frau sehr schwer erkämpfen muß. Was mir zeitig auffiel, war die Tatsache, daß Frauen, die sich durchgesetzt hatten, wirklich außergewöhnlich waren; sie mußten einfach überdurchschnittlich gut sein.

Verhältnismäßig früh habe ich auch gewußt, daß es zwei Pakistans gibt: ein Pakistan der Frauen und ein Pakistan der Männer. Im „feministischen" Pakistan sind die Frauen vermutlich ebenso unumschränkte Herrscherinnen, wie im männlichen Pakistan die Männer. Nur wenn es zu Grenzscharmützeln kommt, dann sind die Frauen eindeutig im Nachteil. Nachdem also klar war, daß man nicht in beiden Pakistans leben konnte und daß ich nicht im Pakistan der Frauen leben konnte, weil ich einen öffentlichen Job zu erledigen hatte, haben Jeannine und ich

Pakistan unter uns zweigeteilt. Jeannine hat den weiblichen Teil besetzt, und ich bin im männlichen geblieben. Das paßte im übrigen auch zu unserer jeweiligen persönlichen Vorgeschichte. Das hatte natürlich auch Konsequenzen für mich: Anfangs waren Jeannine und ich viel zusammen unterwegs, und das war sehr schön. Jetzt mußte ich ausschließlich mit meinem Männerteam unterwegs sein, und das bedeutete schon ein gutes Stück Einsamkeit. Aber diese Arbeitsteilung war mir schon deshalb lieb, weil es mich doch belastet hat, daß ich mich der Solidarität mit den Frauen weitgehend habe verweigern müssen. Ich hätte sonst nicht arbeiten können. Es gibt eben Dinge, die kann man nicht ändern, auch wenn sie einen belasten. Konkret: Ich habe, auch auf Drängen meines Teams hin, anfänglich, wenn wir unterwegs waren, immer in den Frauengemächern übernachtet. Das wäre aber für mich auf die Dauer total unmöglich gewesen: Die Frauen gehen nie vor 23.00 Uhr ins Bett, weil erst dann die Männer, die Kinder, die Schafe und Ziegen und Hühner abgefüttert sind. Und dann spielt sich alles in einem Raum ab, alles geht übereinander und durcheinander, und ständig ist da irgend etwas oder irgend jemand, der oder das oder die einen stört. Entweder weckt einen ein Schaf auf oder einer muß gerade pinkeln oder hat Durst oder fühlt sich nicht wohl – und dann müssen die Frauen sowieso um vier Uhr früh wieder aufstehen, um den Männern Frühstück zu machen.

Ich weiß nicht, wann die Frauen eigentlich schlafen. Auf die Dauer kann ich so nicht leben. Ich brauche ein Minimum an Privatsphäre. Wenn ich sechzehn Stunden mit dem Team zusammen bin, dann will ich acht Stunden niemanden sehen. Das habe ich dann in der Tat auch um- und durchgesetzt. Ich habe allerdings erst spät erfahren, daß das kulturell gar nicht angesagt ist, Privatsphäre ist unbekannter Luxus. Das hat gelegentlich auch seine guten Seiten. Ich entsinne mich noch gut an eine frühe Geschichte im

Norden Pakistans: Es war eiskalt, wir hatten einen kleinen Raum drinnen und eine Veranda draußen als Nachtquartier. Meine Mitarbeiter haben mich in den Raum gebracht, sie selber haben sich draußen auf der Veranda zum Schlafen gelegt. Und dann kam ein Offizier zu mir und sagte: „Ich verstehe das nicht, Sie sind doch sonst so sozial veranlagt, warum lassen Sie Ihre Jungs draußen in der Kälte schlafen?" Ich war sprachlos. „Kein Witz?" sagte ich. „Ist das wirklich möglich, daß das Team mit mir im gleichen Raume schläft?" Und er: „Selbstverständlich!" Dann habe ich sie alle hereingeholt, und wir haben noch ein Tannenzapfen-Feuer im Kamin angezündet, und ich habe ihnen gesagt, wenn sie rauchen oder Radio hören wollten, oder sich unterhalten nach 22.00 Uhr, dann möchte ich, daß sie dafür rausgehen. Das ist eine Gruppe, da kann ich mir meine Minibiosphäre selber bestimmen, was ich natürlich in einem Frauengemach nicht kann. Von daher kenne ich das Schicksal der Frauen eigentlich nur aus der Besucherperspektive. Besonders betroffen gemacht hat mich das Schicksal der leprakranken Frauen. Es ist schrecklich, als Frau in Afghanistan leprakrank zu werden. Als Mann kann man ja immer noch weggehen nach Pakistan. Aber als Frau ist man total ausgeliefert.

Man muß aber zweifellos differenzieren. Es wäre zu einfach zu sagen, daß die Lage der muslimischen Frauen schrecklich wäre. Sie wissen sich auf ihre Weise durchaus oftmals auch durchzusetzen. Wie die Schwester einer unserer Leprapatientinnen in Afghanistan. Wegen der Krankheit in der Familie konnte sie nicht heiraten; sie wollte aber durchaus ein Kind haben. Im nächsten Jahre, als ich wieder kam, krähte ein Baby in der Krippe. Wo sie das herhabe? Sie habe geheiratet. Und der Mann? Der sei weggelaufen. „O", sage ich betroffen. „Nichts zu bedauern", sagt Wazirabibi resolut. „Ich wußte, daß er nichts taugte, ich brauchte doch keinen Mann, ich wollte ein Kind, ich bin froh, daß er weg ist, und er soll mir nur ja nicht wiederkommen!"

Es wäre auch vereinfacht, zu sagen, daß die Lage der muslimischen Frau auf die Religion zurückzuführen sei. Der Heilige Koran zementiert die untergeordnete Stellung der Frau nicht anders als das Neue Testament, beide Bücher sind eben in ähnlichem kulturellem Kontext niedergeschrieben. Und die feministische muslimische Theologie hat bewiesen, daß die Stellung der Frau im Ur-Islam ganz anders war. Überhaupt, wenn man von *der* Lage der Frau spricht, wird man den Unterschieden auch nicht gerecht. Die Stellung der älteren Frau z. B. ist gänzlich unproblematisch. Sie kann sich frei bewegen, sie ist hoch angesehen, weil sie Kinder geboren hat, vor allem Söhne, dadurch hat sie eine Autoritätsstellung in der Familie. Ein Mädchen dagegen kann durchaus in der Überzeugung aufwachsen, daß es gewiß besser gewesen wäre, sie wäre nicht geboren. Und eine junge Frau, die in die Familie kommt oder unverheiratet in der Familie lebt, oder deren Ehe aus irgendeinem Grund schiefgegangen ist, hat keine Rechte. Sie ist der Familie völlig ausgeliefert, als unbezahlte Arbeitskraft. Sie erfährt zwar durch die Solidarität der anderen Frauen unter Umständen eine emotionale Unterstützung, aber man wird sie doch immer wieder ermutigen, den unteren Weg zu gehen, um der Kinder oder der Familien„ehre" willen, oder damit die Ehe nicht auseinandergeht. Da hat sich noch keine wirkliche Front der Frauen gebildet, die wirksam helfen könnte.

Warum die Situation insgesamt so ist, wird auch kein pakistanischer Mann erklären können. Das wissen die pakistanischen Männer nicht. Das haben sie von ihren Eltern und Großeltern so ererbt, etwas „kollektiv Unbewußtes". Nach alledem, was ich kultur- und individualgeschichtlich kennengelernt habe, spielt das kollektive Unbewußte der Stammessitten im Verhältnis von Mann und Frau eine erhebliche Rolle. Ich kann da nur Vermutungen anstellen. Daß Frauen vielfach „Mangelware" waren und es heute noch sind, ist vielleicht auf die im Stammesgebiet sehr hohe Sterberate der jungen Frauen zurückzuführen. Von daher sind sie höchstwahrscheinlich immer einfach „Mangelware" gewesen. Man hat sie sich gegenseitig gestohlen. Der Frauenraub war offensichtlich eine sanktionierte Weise, zu Frauen zu kommen. Man nimmt sie dem anderen Stamm weg, so wie man ihm das Vieh wegnimmt. Gelegentlich tut man das heute noch. Die pakistanische Gesellschaft ist ja im Grunde noch immer von den Gesetzen der Stammeskultur geprägt. Zentral im Wertekodex ist die Ehre, *izzat*. Die Ehre einer Familie hängt eng mit der Reinheit der Frauen zusammen. Das ist dann ganz eng gefaßt und geht bis in das eheliche Verhältnis hinein und kann dann gelegentlich groteske Formen annehmen. Ich kenne eine dokumentiert wahre Geschichte aus den späten siebziger Jahren, die mir ein Augenzeuge selbst erzählt hat: Da hat ein junger Mann geheiratet. In den ersten drei Monaten seiner Ehe schläft er zwar mit seiner Frau, aber er sieht sie nicht, weder am Tag noch in der Nacht. Er weiß deshalb nicht, wie seine Frau aussieht. Eines Morgens ist sie einmal zum Wasserholen gegangen, und dabei hat er sie gesehen, wußte aber nicht, daß sie seine Frau war. Er fand sie wunderschön und hat sich direkt in sie verliebt. Er ist ihr nachgeschlichen und hat gesehen, daß sie in das Haus seiner Eltern ging. Das hat er dann seinem Bruder erzählt, und der hat ihm offenbart, daß er seit drei Monaten mit eben dieser Frau verheiratet sei. Das ist eine wahre Geschichte. Erst wenn die Frau schwanger ist, können in diesem Stamm die Ehepartner offen miteinander umgehen. Diese Sitten verändern sich natürlich rapide im jetzigen sozialen Umbruch. Wenn auch noch kaum in Richtung Partnerschaft.

Ich erlebe aber jetzt, daß unsere Lepraassistenten die Situation zu hinterfragen beginnen. Und sie sagen auch schon, daß sie ihren Söhnen nicht zumuten würden, die Stammesgesetze in ihrer Gänze zu befolgen. Aber kaum einer sagt, daß sie ihrem Sohn (und schon gar nicht ihren Töchtern) keine arrangierte Heirat zumuten würden. Allerdings: Mitsprache und Vetorecht werden eingeräumt, wenigstens den jungen Männern.

Natürlich spielt der Islam bei der Stellung der Frau insofern eine bedeutende Rolle, als jede Religion ein tradierendes Moment an sich hat. Jede Religion, besonders die monotheistischen, birgt auch die Gefahr des blinden Gehorsams in sich, des kritiklosen Jasagens. Diese traditionalistische Kultur läßt sich nur sehr schwer ändern, und der Islam spielt dabei eine stark bewahrende Rolle. Er gibt diesem kollektiv unbewußten Verhalten Schützenhilfe. Es ist völlig klar: Wenn wir hier nicht an beiden Fronten weiterarbeiten, mit den Frauen, daß sie zur Selbstfindung kommen, und mit den Männern, daß sie zum Nachdenken kommen, dann wird sich kaum etwas ändern. Das Ganze ist eine Sisyphusarbeit. Und das ist sie vor allem gegenwärtig auch in Pakistan, wo das Gewaltpotential und die Islamisierungstendenzen eindeutig zunehmen.

Ordensfrau – Weil ich einem Ruf folge

Juden, Mörder und Jesuiten sind an allem schuld.

So steht es in den Geschichtsbüchern der Nationalsozialisten. Und so wurde es uns wenigstens ausgelegt.

Mörder – das konnte ich schon verstehen. Juden, wieso eigentlich Juden? Und Jesuiten? Es würde mich doch interessieren, was waren Jesuiten denn eigentlich? Ich war kein Christ und schon gar nicht mal katholisch, woher sollte ich es wissen?

Jesuiten, wurde ich belehrt, waren eine ganz gefährliche Untergrundorganisation. Deren Mitglieder ihrem Vorgesetzten Gehorsam schworen – Gehorsam auf Leben und Tod.

Und sie schworen, daß sie nicht nur ausführen würden, was ihnen befohlen war, sondern auch denken würden, wie ihnen befohlen wurde, und urteilen, wie ihnen befohlen wurde –.

Wie sie das denn durchsetzen könnten, wollte ich neugierig wissen. Durch ganz raffinierte Ausbildungsmethoden, war die Erklärung rasch bereit. Sie ließen ihre Kandidaten nur über ganz bestimmte Dinge nachdenken – jeden Tag gingen sie im Garten auf und ab, mit überkreuzten Armen, und dachten nur, was man ihnen gesagt hatte, sie sollten denken –.

„O", sagte ich. „Sind sie jung, wenn sie zu den Jesuiten kommen?" – „Ja, jung. Vielleicht Anfang oder Mitte zwanzig." – „Und sie kommen freiwillig?" wollte ich wissen.

„Ja, sie kommen freiwillig. Deshalb sind sie ja so gefährlich."

„Toll", sage ich. „Faszinierend. Ich finde das absolut toll!"

Entsetztes Schweigen. „Toll? Ist da vielleicht etwas

Tolles dran? Also (drohend): Was ist da vielleicht Tolles dran." – „Ich!?!"

„Ich möchte das auch machen", sage ich versonnen. „Das. Mich so völlig hingeben. Einer großen Sache. *So völlig hingeben* –."

Wie konnte ich wissen, daß der Wunsch, über viele verschlungene Pfade, in fünfzehn Jahren in Erfüllung gehen sollte?

Ich habe mich dazu entschieden, als Ordensfrau zu leben, weil ich den Ruf habe. Nein, zu sagen, ich „hätte mich für den Ordensstand entschieden", würde den Tatsachen nicht gerecht. Die Entscheidung ist mir widerfahren. Sicher hätte ich meine Lebensentscheidung von einem reinen Berufsbild her nicht treffen können. Es mußte schon eine existentielle sein. Berufungen sind nun mal genauso ein Geheimnis, wie es ein Geheimnis bleibt, warum man auf den Menschen, den man liebt, anspricht, während rundherum hundert andere sind, die es genauso hätten sein können. Ich habe kein konkretes Vorbild für einen Orden gehabt. Dazu bin ich wohl zu kurz katholisch gewesen, habe auch in der Diaspora sehr wenig Möglichkeiten gehabt, mit Katholiken zusammenzukommen. Was mich fasziniert hat, ist dieses „Alles oder Nichts" im Ordensstand. Das kann man wohl nirgendwo so verrückt ins Quadrat bringen, wie das mit den Gelübden möglich ist.

Der Grundimpuls für meine Art zu leben fällt wohl bei mir zusammen mit dem, was wir Christen als „Ruf" bezeichnen. Die Berufung ist offensichtlich etwas, was ich auch nur im Rückblick als existentielle Erfahrung reflektieren kann, ohne es deshalb analysieren zu können. Gegen eine Berufung kann man sich offensichtlich nur um den Preis sträuben, daß man sein Lebensziel verrät und damit auf die Vollendung verzichtet, soweit sie hier auf Erden möglich ist.

Alles ist gut, was einen weiterbringt. Auch das Kamel, das mich trägt – über Stock und Stein.

Es wird für mich immer ein Geheimnis bleiben, warum es in meinem Leben so gekommen ist. Alles ist für mich im Grunde ein Geheimnis: der Mensch überhaupt, die Welt, die Liebe, das Leid, alles ...

Es gibt im Leben, in der Ehe wie auch im Ordensstand, gewisse Dinge, die sind ebenfalls Geheimnisse. Es gibt Dinge, die man weiß, ohne daß man weiß, wieso man sie weiß. Es gibt Überzeugungen, die sind so existentiell konkret, daß, obwohl man sie nicht beweisen kann, sie trotzdem bewiesener sind als bewiesene Tatbestände. Für mich fällt der Ruf darunter: daß ich mich nie selber gerufen habe, aber auch daß ich mich nicht verweigert habe; nicht geweigert, auf etwas so Verrücktes eine Antwort zu geben. Für mich war diese Antwort damals nicht reflektiert, sondern sie ist nur im Rückblick zu erkennen.

Wenn man eine Ehe nicht versteht, die Liebe nicht versteht, warum sollte man dann den Ordensstand verstehen? Den kann man nur leben und sich dann durch diese Existenz die Sicherheit zuwachsen lassen, die es einem möglich macht, daß man bei der einmal getroffenen Entscheidung bleibt. Ich glaube, das Wesentliche liegt darin, bereit zu sein, ein Risiko einzugehen. Wenn einer keine Antenne hat für den Wert des Risikos – und in unserer leidfreien Gesellschaft ist der Wert des Risikos schwer zu vermitteln –, dann kann man es auch nicht mehr eingehen – und damit verbaut man sich die großen Dinge im Leben. Denn das Leben, das wirkliche Leben ist nicht billig zu haben.

Es gibt Entscheidungen im Leben, deren Richtigkeit und grundsätzliche Berechtigung man wirklich nur dadurch verdeutlichen kann, indem man sie konkret lebt. Die Wahl zum Ordensstand war und ist für mich eine solche Entscheidung.

Was mich am jesuitischen Geist meines Ordens von Anfang an angezogen hat, ist die kompromißlose Verbindung von aktivem und kontemplativem Leben. Dieses

Im Gehen wächst einem die Kraft zu. Kraft für den nächsten Schritt – auf dem Weg zu den Menschen und zu Gott.

„Gott suchen in allen Dingen" des Ignatius von Loyola. In *allen* Dingen. Alles oder nichts. Es war die ‚inkarnatorische' Spiritualität, eine Spiritualität, die konkret ist, die von der Erfahrung ausgeht, daß man, solange man lebt, Gott nirgendwo anders finden kann als eben in den Gegebenheiten dieses Lebens und in den Geheimnissen, die einen überall umgeben. Und die Erfahrung, daß man, wenn man sich einmal auf den Weg gemacht hat, überall durch die rein naturwissenschaftliche Ebene durchstößt zu der darunterliegenden und genauso wirklichen Ebene des Geheimnisses.

Ich bin im Nazistaat aufgewachsen. Dann habe ich noch eine kurze Zeit gehabt, in der ich mich umgeschaut habe, ob denn nun, nach dem Nazistaat, der kommunistische Staat irgend etwas anzubieten hätte. Aber da war rein gar nichts Neues.

Ich habe es immer als primitiv empfunden, was uns da gesagt wurde, daß nur das, was man sehen, riechen, anfassen, messen, wiegen kann, die ganze Wirklichkeit ausmacht.

Denn ich hatte doch schon andere Erfahrungen gemacht, ganz frühe Erfahrungen in meiner Kindheit zum Beispiel. Ich entsinne mich – das war noch, ehe ich zur Schule gegangen bin – an jene Spinne im Garten. Die war so winzig, so absolut winzig, daß es sie eigentlich gar nicht gab. Die hatte aber acht Beine. Die konnte sich fortbewegen. Ich habe mich darüber einfach nicht beruhigen können, daß es so was gab. Zuerst einmal: warum es so was gab und daß es – obwohl es da gar kein Warum gab – keine Antwort auf ein Warum gab, daß es aber so was einfach trotzdem gab. Ich war einfach überwältigt. Wer hatte sich da bloß die Mühe gemacht, so etwas Winziges, Überflüssiges, Kostbares zu schaffen?

Armut – Ein Zuwachs an Freiheit

„Wie haben Sie das bloß gemacht?" frage ich unseren neuen Krankenhausverwalter. „Sie sind noch keinen Monat bei uns, und wir haben schon vier Bewerbungen für die Stelle des Assistenzarztes, die ich vorher vergeblich zu füllen versucht habe."

Alois de Souza, Katholik, ehemaliger Stabsarzt in der Pakistanischen Armee und seit drei Wochen unser Krankenhausverwalter, schmunzelt.

„Sie waren gar nicht dafür, daß ich mir ein so ‚großes' Büro eingerichtet habe – und den ‚Riesen'schreibtisch reingestellt –?"

„Stimmt – aber ich hatte doch nach den Gründen der Bewerbungen gefragt?"

„... Wenn ein Kandidat vorher ins Krankenhaus gekommen ist und gesehen hat, an welchem Tisch Sie arbeiten, und den verbeulten Suzuki sieht, den Sie fahren – der fragt sich bestimmt, wenn die Chefin so lebt, was erwartet sie dann wohl von ihren Assistenzärzten? Jetzt nehme ich die Bewerbung an meinem Riesenschreibtisch entgegen."

Ich muß in sein Lachen einstimmen.

Aber abends muß ich die Frage doch stellen. Warum hast Du das Leben nur so kompliziert gemacht? Wie soll ich Armut leben – und Chefarzt sein. Paß auf uns auf, aufgeben will ich die Armut nicht, sorge dafür, daß sie durchsichtig wird.

Armut im eigentlichen Sinne habe ich deshalb nie leben können, weil mir bald klar war, daß man nur so tun kann, als ob man arm ist. Ich kann machen, was ich will – ich werde nie arm, denn eine freiwillige Armut ist eine Salon-Armut. Das wirklich Quälende, das Niederziehende an der Armut ist, daß sie aufgezwungen ist. Wenn sie nicht unentrinnbar ist (oder wenigstens als solches empfunden), dann ist sie keine Armut. Deshalb ist die wirklich einzig effektive Weise, Menschen aus der Armut herauszuhelfen, sie davon zu überzeugen, daß sich etwas ändern läßt. Und dann natürlich die nötige Hilfestellung leisten, daß sie es auch ändern können. Aber Hilfestellung zu leisten, ohne zunächst die Überzeugungsarbeit geleistet zu haben, ist eigentlich sinnlos.

Das Thema „Armut als Schicksal", die Frage nach dem Warum treiben mich um. Ich habe mir allerdings seit langem abgewöhnt, mich mit Fragen kaputtzumachen, von denen ich weiß, daß es darauf keine Antwort gibt. Denn diese Frage stellt sich ja nicht nur bei der Armut, sie stellt sich ebenso bei ‚gesund und krank', bei ‚normal und geistig behindert', bei Menschen, die geboren sind, Erfolg zu haben, und Menschen, die geboren sind, erfolglos zu sein. Auf diese Fragen erwarte ich keine Antwort mehr. Nicht daß ich sie vergesse, sie stehen auf meiner eschatologischen Liste, ich werde sie fragen, definitiv fragen, aber später. Hier und jetzt kann ich es mir nicht leisten, meine ohnehin beschränkten Kräfte damit zu vergeuden. Diese erste Frage wird vertagt. An der zweiten Frage, was man tun kann – und irgend etwas kann man immer tun –, an der arbeiten wir weiter.

Es ist natürlich klar, daß meine Entscheidung, nicht mehr nach dem Warum zu fragen, eine bereits durchlittene Entscheidung ist. Ich habe doch nicht einfach gesagt: Okay, aus Spargründen wird das nicht mehr gefragt. Der Entscheidung liegen die Erfahrung und die Erkenntnis zugrunde, daß es mir offensichtlich mit meinen endlich begrenzten Denkkategorien nicht zusteht, zu erwarten, daß es darauf auf der Erde, während meiner Lebenszeit eine

Antwort gibt. Es hat mich durchaus über Jahre, Jahrzehnte umgetrieben. Diese Entscheidung heißt auch nicht, daß ich mich für Frustration entschieden hätte. Es ist eine bewußte Entscheidung, die man trifft, wenn man in einem gewissen Alter eben einsieht, daß die Welt tiefere Dimensionen hat, als man sie in seinem Leben ausloten könnte.

Mit der Frage nach der Freiheit ist es vermutlich das gleiche. Wir sind alle Teil eines Netzes. Man kann sich aus dem Netz herausziehen, und dann ist der Weg für die Willkür frei. Aber dafür zahlt man auch einen hohen Preis, weil dieses Netz einen ja auch mitträgt und auch Möglichkeiten schafft, daß man einander die Hand reichen kann. Ich bin unheimlich allergisch gegen Freiheitsbeschränkungen. Ich würde in keiner Weise irgend jemandem das Recht einräumen, mich in einer Freiheit zu beschränken, die für mich einen hohen Stellenwert hat, in der es um ethische oder religiöse Grundüberzeugungen geht. Ich habe aber überhaupt keine Schwierigkeiten, meine Freiheit in materiellen Dingen einschränken zu lassen. Das ist eine Frage des Humors, daß man eben gewisse Dinge so macht, daß sie ins Netz passen. Also, ich könnte mich nie darüber aufregen, daß ich einen Schleier tragen „muß", wenn ich im Außendienst bin. An solche Äußerlichkeiten sollte man seine Kräfte nicht unnötig vergeuden.

Mit der Armut ist es so eine Sache: Man muß sie ganz sicher auch im geschichtlichen und gesellschaftlichen Kontext sehen. Zum Beispiel: Wie mit dem Konsum umgehen, wie ein alternatives Leben führen? Ich halte die Orden im Westen für angesprochen, aufgerufen, auf diesem Gebiete zu experimentieren. Wie wir das in Pakistan leben, das ist eine ständige Frage, besonders seit wir junge Leute haben, junge Einheimische. Wir haben eine richtige Explosion an Ordensnachwuchs. Was macht man mit dem? Soll man diese jungen Frauen in ihrer sozialen Herkunftsschicht lassen, das heißt ihnen keinen Zugang zu höherer Bildung ermöglichen? Wenn man ihnen den Zugang zu höherer Bildung eröffnet, dann hat man sie schon aus der Armut ihres Landes herausgeholt. Hätte zum Beispiel meine pakistanische Mitschwester Iqbal, die jetzt Lepraassistentin in der Sozialabteilung des Leprakrankenhauses in Karachi ist, nicht lernen sollen, ein Auto zu fahren? Aber wenn sie den Wagen fährt, dann hat sie schon eine privilegierte Stellung, selbst wenn es ein Dienstwagen ist. – Das alles sind Fragen, die muß die Einzelgemeinschaft mit sich selber ausmachen, darauf gibt es niemals grundsätzliche Antworten. Aber es muß nachgedacht und darüber gesprochen werden.

Ein ganz wichtiger Aspekt in der Armutsidee ist die Solidarität. Überall da, wo wir nicht mehr zum Teilen bereit sind, wo wir Grenzen ziehen, Mauern aufrichten, wo wir dem anderen kein Gastrecht in unserem Leben einräumen, da liegen für mich die wirklich schwerwiegenden Verstöße gegen die Armut.

Überall da, wo man über das hinaus, was wirklich nötig ist, Gelder und Ressourcen verbraucht, wird man mit großem Erstaunen feststellen, wenn man das ändert, wie unkompliziert das Leben wird, wenn man sich mit wenigem zufriedengibt. Armut (Bescheidung, nicht Elend) bedeutet immer einen Zuwachs an Freiheit.

Keuschheit – Die Liebe hat tiefere Dimensionen

Die Indusschlucht ist eng, feindlich, abweisend, der graue Morgennebel hängt zwischen den Bergen, das Wasser gurgelt und tobt im Abgrund, die Piste ist nicht breiter als die Wagenspur unseres Jeeps. Wir haben drei Wochen Einsatz im Yaseental hinter uns und sind noch ein wenig verschlafen vom frühen Aufbruch. Nur ich, im Vordersitz, verfolge angespannt die Biegungen der Piste vor uns, und die Manöver unseres Fahrers.

Da, vor uns, plötzlich: die Brücke, die uns ins Hauptttal führt. Die Straße weitet sich. Bäume am Flußufer – Bäume. Die Sonne hat das Tal erreicht. Schimmert durch die Zweige der Ahornbäume, verfängt sich im jungen Grün des Grases, läßt die Wellen des Flusses aufleuchten, silbrig aufleuchten, tanzt und spielt auf den Wassern, ich muß den Atem anhalten, ist es möglich, daß er dies alles für uns, für uns geschaffen hat, für uns inszeniert? Für wen sonst? Warum der Glanz, die Schönheit, das Spiel, die Überraschungen, das Unvorhergesehene, das nicht Einzufordernde, das ganz und gar Geschenkte? Mir ist schwindlig. Kann das sein? Darf das sein? Sich so geborgen – so angenommen – so kostbar begreifen zu dürfen? Diese Freiheit – diese *Freiheit* –, mir ist ganz schwindlig.

Die Keuschheit ist schon vom Begriff her schwierig zu vermitteln. Sie wird heute vielfach mit Ehelosigkeit übersetzt. Aber man kann Keuschheit nicht von der Ehelosigkeit her definieren, weil das diese Existenz verschwenderischer Fülle vom Negativen her erklärt. Ich bin in meinem Sosein, meinem Sein als Ordensfrau doch völlig normal

Frau, mit normaler Sexualität, Zärtlichkeitsbedürfnis, Hinwendung, Kinderwunsch. Das alles ändert ein Keuschheitsgelübde doch nicht. Aber dabei bleibt es eben auch nicht stehen. Die Einsichten der Tiefenpsychologie sollten doch heute allgemeines Wissensgut sein. Sie sind es aber offensichtlich nicht, sonst könnten Leute einem geglückten „ehelosen" Leben doch nicht mit solchem Unverständnis gegenüberstehen, sondern wenigstens an Sublimierung denken. Obwohl (und das muß man ihnen wieder zugute halten), obwohl sich Keuschheit nun wirklich nicht in Sublimierung erschöpft. Und von daher ist die Haltung des totalen Unverständnisses wohl doch die richtige, wenn es sich um die Keuschheit handelt.

Meine persönliche Geschichte geht sehr stark über das Erleben, daß Liebe eben tiefere Dimensionen hat als das, was sich im Biologischen abspielt. Ich hätte nie einem Partner erlaubt, mich biologisch zu definieren – überdies wird dies heute auch im rechtlichen Bereich so verstanden: eine nur-biologisch definierte Sexualhandlung ist eine Vergewaltigung. Man kann das Biologische nicht von der Tiefendimension abkoppeln, die ja gerade in der Sexualität wie sonst nirgendwo erfahrbar wird. Wie man mit diesem Teil seiner Vitalität umgeht, da muß jeder seinen eigenen Stil finden. Es ist gar keine Frage: wenn man da nicht aufpaßt, kann einen das natürlich überrennen, aber damit überrennt einen nicht die Tiefendimension, damit überrennt einen das Biologische, und damit nicht das Eigentlich-Menschliche. Wenn ich nicht möchte, daß das Anatomisch-Physiologische mich versklavt, dann kann ich die notwendigen Vorsichtsmaßregeln auch in voller Freiheit integrieren. Das schadet dann der emotionalen Entwicklung in keiner Weise.

Mir hat die konkrete Freundschaft mit einem Partner viel gegeben. Ich hätte auf diese Freundschaft auch nie verzichtet. Warum ich mich dann trotz normaler Veranlagung zum Ordensstand entschieden habe, hängt mit meiner Grunderfahrung der Liebe zusammen: daß sie nie ganz gesättigt werden kann. Haben wir nicht alle diese Erfahrung gemacht, daß Liebe eigentlich nicht mehr in die endliche Dimension des Lebens paßt. Wer hat es gesagt, ich weiß es nicht mehr, aber ich habe die Zeilen nie mehr aus meinem Gedächtnis verloren:

Was ist noch mein?
Was ist noch dein?
Erstickt rührt sich und schluchzend
in der Kehle die dunkle Lust,
nicht mehr zu sein.

Hier hat man, vielleicht, einen Ansatz zum Ordensgelübde. Was mich am meisten fasziniert an diesem Gelübde, ist die Hingabe – Hingabe, die keine Grenzen hat. Teilen ist schön – aber wenn man schon mal von Hingabe redet, dann sollte es schon Totalhingabe sein. Sonst sollte man das Wort wohl besser nicht verwenden. Auch wenn das heute vielleicht schwer vermittelbar ist.

Gehorsam – Auf den Rat eines anderen hören

Gehorsam – was ist denn Gehorsam? Man stellt es sich von außen soviel grobschlächtiger und oberflächlicher vor.

Ge-hor-sam. Hören – auf wen?

Hazarajat, Zentralafghanistan. Sie hatten uns nachts aus den Schlafsäcken geholt, im Dunkeln, zu einem Schwerkranken, und dabei waren wir ins Kreuzfeuer geraten, Ssss – Ssss – die Kugeln summten an unseren Köpfen vorbei. Die Mudschahedin fluchten und tobten, es seien die eigenen Leute, die hätten den Jeep als feindlichen interpretiert – feindliche oder freundschaftliche Maschinengewehre, was macht das für uns einen Unterschied, wenn uns eine Kugel trifft? Tot ist tot.

Und dann war der Schwerkranke nicht einmal schwerkrank. Er war überhaupt nicht krank. Ein Herzanfall – Blutdruck, Puls, Herzgeräusche, alles normal. Keine Ödeme, keine Leberstauung, keine Geräusche über den Lungen. Wann denn die Anfälle kämen, wollte ich wissen?

„Immer, wenn ich so eine Kalaschnikow sehe", sagte der Junge, „und mir dann vorstelle, daß ich das Ding morgens wieder schultern soll."

Der Himmel weiß, von welchem Bergbauernhof sie den Jungen rekrutiert hatten. Ich schreibe ihm ein ärztliches Zeugnis, daß er aus gesundheitlichen Gründen nicht fähig sei, eine Kalaschnikow zu tragen. Der Herzanfall klingt ab.

Am Morgen beim Frühstück, eine Tasse dünnen Tees und ein Stück Fladenbrot, ist die Stimmung merklich flau. Wir wollten heute nach Warris weiterfahren, in vier Tagen, sagen sie uns, könnten wir es schaffen.

„Warum ausgerechnet Warris?"

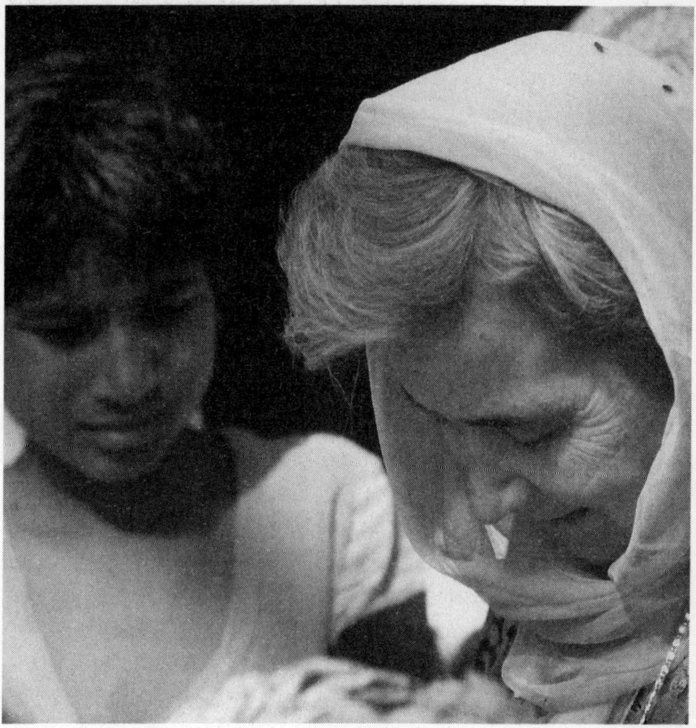

Man muß auf den anderen hören. Auch in sich hineinhören.
Schweigen und horchen. Ahnen und erkennen.

„Es gibt Leprapatienten dort, habe ich gehört."

„Irgendwelche Namen, Adressen?"

„Nein."

„Warum dann Warris? Gibt es Leprapatienten nicht auch in Jaghoray, und Jaghoray liegt fast am Wege?"

Ja – warum Warris? Ich wollte nach Warris, weil ich nach Warris wollte. Ich hatte es mir in den Kopf gesetzt, bis Warris vorzudringen. Sonst gab es in der Tat keinen anderen Grund.

„Wenn eine Gegenstimme im Team ist", sage ich, „dann kehren wir um."

Es ist nicht eine, es sind drei. Und ich hätte es in meiner Entschlossenheit, Warris zu erreichen, fast übersehen. O Herr, wenn den Jungen auf dem Wege was passiert wäre!

Noch eine zweite Tasse Tee. Dann fahren wir ab, in die entgegengesetzte Fahrtrichtung, zurück nach Jaghoray. Manchmal fällt Gehorsam schwer. Schwer, das Wort, den Hinweis zu erkennen; das Wort, das einen ruft. Wie oft stehen wir uns im Wege, das zu tun, was die Situation – was Er von uns verlangt?

Gehorsam im Ordensstand bedeutet: Man stellt sich gemeinsam unter den Willen Gottes. Sonst hätte die ganze Sache im 20. Jahrhundert überhaupt keine Existenzberechtigung. Daß man sich gemeinsam darunterstellt, hat etwas mit dem zentralen Gelübde der Hingabe zu tun. Denn man kann nicht von bedingungsloser Liebe sprechen, wenn man noch die Diktate seines Unbewußten mit sich herumträgt. Und es gibt keinen Menschen, der sein Unbewußtes wirklich so aufgearbeitet hat, daß es ihm in konkreten Entscheidungen nicht in die Quere fahren könnte. Deshalb ist es gut, auf den Rat eines anderen zu hören. Er sieht Dinge vielleicht klarer – ohne den Nebel, durch den uns unser Unbewußtes so oft die Sicht trübt.

Es ist einfach eine realistische Selbsteinschätzung, daß

man vor einer Entscheidung die Hilfe einer Vertrauensperson in Anspruch nimmt, mit der gemeinsam zu fragen ist: Ist das wirklich primär mein eigener Wunsch, oder ist es das, was a) die Situation von mir verlangt und b) mein Ruf von mir verlangt? Wenn man solch eine Hilfe nicht hätte, würde man sehr bald nur noch das machen, was man gerne macht. Konkret war das bei mir so: Ich wollte in die damalige Ostzone zurück (ich stamme ja aus Leipzig). Ich habe gesagt: Das ist mein Ruf. Und ich hätte das ganz bestimmt auch gemacht, wenn sich nicht meine Gemeinschaft dagegengestellt hätte. Die hat mir gesagt: „So wie du bist, hat es keinen Zweck, dorthin zu gehen. Du kannst deinen Mund nicht halten, zum Martyrium darf man sich nicht drängen, und wir brauchen dich in der Dritten Welt." Ich sage nicht, daß es nicht sinnvoll gewesen wäre, wenn ich mit meiner eigenen Entscheidung im Osten gelandet wäre, da wäre auch etwas Gutes rausgekommen, bestimmt. Aber eines ist klar: Die Lepra würde sich heute noch als Seuche in Pakistan weiter ausbreiten.

Was also bedeutet Gehorsam für mich?

Jenen Zuwachs an Freiheit, der einem „zuwächst", wenn man sich weniger wichtig nimmt als den Ruf, als das „größere Gut". Und dann nach der Entscheidung: das tägliche, stündliche Hinhören auf das Heute, nein: auf das Jetzt – auf den anderen, auf die Zeichen der Zeit. Die Situation so sehen, wie sie *ist* (nicht wie man gern hätte, daß sie es wäre); die Bereitschaft, das jetzt und hier Geforderte zu tun, auch wenn es Opfer kostet. Und darin die Gewißheit zu haben, daß man damit ein klein wenig Seine Liebe, Seine Wärme und Zärtlichkeit in unsere so kalte Welt tragen darf.

Es lebt sich einfacher, wenn man sich auf das Notwendige beschränkt

Ich hatte gehofft, als ich ausreiste, damals, daß sich die Frage nach dem Lebensstil hier nicht stellt, einfach weil ich nach deutschen Maßstäben hier sowieso nur „unter der Armutsgrenze" leben kann – dafür sorgen schon die Elektrizitäts- und Wasserwerke mit ihren ständigen Sperrstunden!

Sie stellt sich aber trotzdem, nur anders. Und sie ist eng verknüpft mit meinem Armutsgelübde.

Ich habe nichts gegen ein schönes und bequemes Leben – ganz sicherlich nicht. Ich habe keinen aszetischen Fimmel. Ich bin glücklich, nicht nur wenn ich ein Badezimmer habe, sondern wenn es da auch noch warmes Duschwasser und – vielleicht – Duschgel gibt. Wenn das einmal vorkommt, sind das Festtage für mich. Ich bin froh, wenn ich eine Toilette habe. Das sind Grundbedürfnisse. Zuweilen hat man auch die nicht, das liegt ja nicht immer in unseren Händen. Aber ich bin schon zufrieden, wenn ich einen Schlafsack habe, meine eigene Zahnbürste, seit einiger Zeit auch noch ein Moskitonetz, das kann man ja zusammenrollen und einfach überall mitnehmen. Wenn ich diese drei Dinge habe und darüber hinaus, wenn ich unterwegs bin, noch ein Fladenbrot und wenn möglich Sauermilch, dann ist das okay. Ich habe da wirklich nichts verpaßt. Warum sollte ich meine Zeit mit Phantasien vergeuden, was sonst noch auf dem Tisch stehen könnte? Solche Abhängigkeiten würde ich echt als Freiheitsbeschränkung ansehen: Wenn ich mich freiwillig an eine Wurst- oder Käsesorte versklaven würde und ihr das Recht einräume, über meine seelische Befindlichkeit zu entscheiden, ob ich guter oder schlechter Laune bin.

Viel kann man nicht mitnehmen. Nur das, was man tragen kann. So kommen die vielen Dinge, die wir „brauchen“, wieder an ihren Platz.

Was mich in den letzten Jahren bei meinen Besuchen in Deutschland immer wieder beschäftigt hat, war die Erfahrung, daß einige nicht nur vom Konsum, sondern auch vom gängigen Lebensstandard ausgeschlossen sind. Die „Neue Armut". Armut ist immer relativ, sie hängt vom Lebensstandard der anderen ab, sie wird erst empfunden, wenn man sieht, was die anderen haben und man selbst nicht hat. Armut ist real, sobald sie als Armut empfunden wird.

Da wir also offensichtlich auch mit dem Verteilerproblem direkt vor unserer Haustür nicht zu Rande kommen, stellt sich natürlich die Frage, wie das denn dann im globalen Zusammenhang aussieht – wenn wir dort eine Lösung finden wollen, wird das noch ganz andere Opfer kosten, ein ganz anderes Teilen nötig machen. Ich will das Problem der ungleichen Verteilung nicht vereinfachen, ich weiß, daß es da viel psychologische Barrieren gibt, wirtschaftliche, politische Zwänge – und trotzdem: An der Aufgabe, anders zu leben, damit andere überleben, an dieser Aufgabe kommt unsere Generation doch nicht vorbei. Wir können uns daran begeben, sie zu lösen; oder wir können uns drücken; aber dadurch ist sie ja nicht vom Tisch.

Konsum dagegen würde ich tatsächlich als Freiheitsbeschneidung erleben. Das wird ja auch offensichtlich weitgehend in Europa so erlebt, sonst gäbe es in Deutschland ja nicht die fürchterliche Wortprägung vom „Konsumzwang". Das regt mich immer wieder auf. Wer zwingt uns denn? Um zu wissen, was Zwang ist, sollte man mal nach Pakistan kommen. Wird man vielleicht nachts von der Polizei abgeholt und verschwindet, wenn man sich dem Konsum*zwang* widersetzt? So sehr ich natürlich weiß, daß man sich als einzelner schwer widersetzen kann. Hier wie bei allen Initiativen, die sich zum Ziel gesetzt haben, etwas zu verändern: Man muß sich zusammentun. Vernetzen.

Es lebt sich sehr viel einfacher, wenn man sich auf das Notwendige beschränkt. Viele Dinge entwickeln auch ihre eigenen Abhängigkeiten. Ich habe während meiner Fahrten in Pakistan immer wieder daran gedacht, daß es zum Beispiel für meine Mitarbeiter in Karachi einfacher ist, wenn ich meine Berichte auf Diskette abliefere. Wenn ich die Technik in Dienst nehme, um die Arbeit des Teams zu erleichtern (und ich hoffe, das sind noch immer meine Hauptbeweggründe – die Spielfreude läuft da ganz unkompliziert nebenher), dann ist das in Ordnung. Wenn ich aber damit von der Technik abhängig werde, notwendige Dinge unterlasse und dadurch anderen schade („... ich konnte den Bericht nicht fertigstellen, die Batterien in meinem Computer waren leer ..."), dann hätte ich es besser gar nicht erst angefangen. Das ist eine interessante Entwicklung. Das Abhängigwerden von der Technik hat das Grundgefühl des Menschen auf dem nördlichen Teil der Erde stark geprägt. Es gibt viele Kinder, die schon innerhalb des Technoghettos aufwachsen und nur noch selten ursprüngliche Erfahrungen machen können.

Das ist etwas, was mich sehr, sehr beunruhigt – diese zweimal aufgewärmte Konservenemotionalität. Hier in Pakistan ist das noch anders, hier gibt es noch Emotionen, hier wird noch gehaßt und geliebt, hier gibt es noch Zorn und Entzücken, noch wirkliches Leben und nicht nur gespeichertes. Unter diesem Aspekt würde ich meine Kinder wirklich nicht in Europa, wenigstens nicht ausschließlich in Europa aufwachsen lassen wollen, in einer Welt, in der es fast nur noch Sekundärerfahrungen gibt. Oder ich würde dafür sorgen, daß man diese Primärerfahrungen bewußt ins Leben mit einbaut (es gibt sie ja hundertfach trotz alledem!).

Eine Beobachtung: jeder, der aus Deutschland zu Besuch kommt – vom Teenager bis zum Senioren –, ist ja relativ gut bis sehr gut informiert. Aber alle sagen: Kein Vergleich zwischen dem, was man im Fernsehen gesehen hat, und dem, was man in Pakistan wirklich sieht. Information gibt es eben im Fernsehen wirklich nur in Ausschnitten, und das ist eine große Gefahr. Ausschnitte verfälschen Information, weil der ganze Hintergrund ausgeblendet ist. Überdies ist die Information ja auch nur akustisch und visuell, die anderen Empfindungen werden ja nicht vermittelt. Vielleicht kann man auch das mal irgendwann leisten, aber selbst dann wären es wiederum nur Sekundärinformationen. Die Hitze, dieser Krach im Hintergrund und der Gestank, die Luftfeuchtigkeit und all das, was einen hier so nervt – das ist in den Informationen nicht enthalten. Ich vergesse nie, als wir zum ersten Mal versucht haben, in einem Slumviertel ein stinkendes Abwasser zu photographieren, in dem die Mücken brüteten. Auf dem Dia war das nachher zu sehen als kleiner azurblauer Minisee.

Information, in-formare, etwas in sich hineinnehmen, damit es einen formt (und damit auch verändert), das geschieht nur im existentiellen sich der Er-fahr-ung Ausliefern. Das können Bildschirm und Internet nie leisten.

Durch eine Sekundärkultur entsteht natürlich auch leicht Gleichgültigkeit. Man verliert die Hierarchie der Werte. Man kann sich Werte nicht mehr in aufeinanderfolgenden Schritten aneignen, sondern alles wird gleichgültig.

Ich frage seit über einem Jahrzehnt immer wieder junge Leute in Deutschland: Was sagt ihr denn, wenn wir „challenge" sagen. Wenn ich dann „Herausforderung" als Übersetzung angeboten bekomme, dann fehlt mir der entscheidende Inhalt: Challenge ist ein auf Werte bezogenes Wort, auch der Tatbestand des Risikos ist darin enthalten. Der Mut, sich um des größeren Gutes willen verwunden zu lassen. Den Wert eines Risikos, die Freude am Risiko erschließt sich einem ja nur durch primäre Erfahrungen. Sekundärerfahrungen können keine Risikobereitschaft hervorrufen. Wenn man sich nur an den Fernsehschirm oder ans Internet hängt, dann wird nach einiger Zeit im Grunde alles irgendwie schal, weil man etwas Substantielles vermißt. Das Eigentliche wird vermißt. Ich verstehe einfach nicht, wieso sekundäre Erfahrungen solche Anziehungskraft gerade auch auf junge Menschen ausüben können.

Schöne Erfahrungen in dieser Hinsicht hatte ich in Azad Kashmir. Wir hatten dort einen Workshop für unsere Mitarbeiter, in einer Außenstation. Mein Zimmer ging auf ein Reisfeld hinaus, und da war auch ein Bergbauernhof, ziemlich nah dabei gelegen. Und auf diesem Bergbauernhof hatten sie eine Antennenschüssel auf dem Dach. Morgens vor Sonnenaufgang konnte man beobachten, wie die Frauen in die Felder gingen. Da habe ich mir gesagt, wir müssen unbedingt mal hinübergehen und schauen, ob sie auch eine Toilette haben, denn ich bin überzeugt, sie haben zwar eine Antennenschüssel auf dem Dach, aber keine Toilette im Haus. Und es stellte sich wirklich heraus, daß sie keine Toilette im Haus hatten. Andererseits spielten die Kinder aber draußen. Ganz offensichtlich konnten sie mit dem Fernsehen nicht viel anfangen. Da waren die Abenteuer am Fluß und in den Feldern, mit lebendigen Tieren und Blumen und Nachbarkindern offensichtlich sehr viel anziehender als diese Konservenbüchsenkultur, die via Fernsehen angeboten wurde.

In Primärerfahrungen steckt immer auch ein Risiko. Ich denke, man kann jungen Leuten heute klarmachen, daß es in uns allen solch eine Veranlagung, einen Zug zum Risiko wirklich gibt. Sonst hätten wir zum Beispiel nicht diese verrückten, gefährlichen, teilweise lebensgefährlichen Sportarten, die heute von vielen bewundert, aber auch von vielen ausgeübt werden, in denen sich jeder irgendwie beweisen muß, daß er mehr kann, als was im Alltagsgeschehen von ihm gefordert wird. Ich glaube, das braucht man keinem zu erklären.

Meine Schwierigkeit ist, daß eben dieses Risiko, das sowieso eingegangen wird, nicht auf Werte rückgekoppelt ist. Und dann wird es gefährlich. Wenn man das Risiko vom Wert loskoppelt, also wenn man wirklich nur dem Titel nachjagt und nicht dem Glück, dann wird es in der Konsumgesellschaft genauso gefährlich, wie es hier in Pakistan gefährlich wird, wo man sich dann eben durch eine Kalaschnikow-Maschinenpistole diesen Kitzel verschafft.

Wenn einem die Gesellschaft keine Chance gibt, auf ehrliche Weise zu dieser Herausforderung zu kommen, dann wird es gefährlich. Wenn man keine Möglichkeit zu einer ehrlichen Bewährung, zu einem ehrlichen Risiko anbietet, dann werden Bewährung und Risiko anderswo gesucht. Ich glaube nicht, daß mangelnde Risikobereitschaft wirklich ein Charakteristikum unserer Jugend ist, obwohl das Angstpotential beunruhigend hoch ist. Wenn ich in Deutschland bin, meine ich, daß viele unserer Jugendlichen dort älter sind, als ich es bin. Mit Angstpotential kann man das Leben nicht genießen. Wenn man das Leben nicht genießen kann oder will, oder überhaupt nicht sieht, daß es da etwas zu genießen gibt, ist man dann noch jung? Und warum soll man dann ein Risiko eingehen? Ein Risiko ist ja immer ein Versuch, etwas zu erreichen, was man bislang noch nicht hatte. Und das man auch mit gängigen Mitteln gar nicht haben kann, aber trotzdem will. Oder wenn heute viele sagen, ich will alles, und das sofort, da scheidet natürlich auch jeder „challenge" aus. Die ganze Freude der Eroberung, dieses Hin und Her, ob es klappt oder nicht klappt, das fehlt dann. Das ist wirklich, wie wenn man mit einer Frau direkt ins Bett geht, ehe man um sie geworben hat. Damit verdirbt man sich eine wunderbare Erfahrung, die in sich einen Wert darstellt. Das wissen wir ja auch aus vielfacher Erfahrung: Wenn man das, was man will, dann schließlich hat, dann ist es meistens gar nicht so, wie man geträumt hatte, daß es sein könnte oder sein würde. Viel vom Glück der Erfüllung ist ja schon im Prozeß des Sich-Ausstreckens und des Sich-Bemühens enthalten.

„Wir sind nie mitgegangen bei so was", sagen die Schwestern.

„Hat die Pfarrei schon vorher etwas Ähnliches organisiert?"

„Nein, nie."

Ein junger Christ ist unter dem Blasphemiegesetz zum Tode verurteilt worden. Wie lange können wir noch zuschauen?

„Ich habe Zeit morgen", sage ich. „Der Jeep ist kaputt und muß repariert werden, und das Team ist noch nicht vollständig, Nawabs Onkel ist verstorben, da müssen sie erst zum Beileidsbesuch."

„Gehen Sie mit?"

„Klar!"

Um zehn sind die Schwestern in ihren weißen Trachten bei der Demonstration. Es sieht sich gut an. Und die christliche Minderheit, die sich zum ersten Mal zum Protest auf die Straße wagt, fühlt sich offensichtlich legitimiert, mit uns sechs Frauen im Zug.

Sie haben es vorzüglich vorbereitet. Alle 200 Meter hält der Zug an. Der Katechist richtet sein Wort an die Muslime, die die Straße säumen. „Meine Brüder, wir haben es nie getan, wir wollten es auch jetzt nicht tun, aber die Tatsachen zwingen uns. Ihr seid Pakistani, wir sind Pakistani. Wir haben kein anderes Land als dieses; ihr habt kein anderes Land als dieses. Wir gehören zusammen. Aber wie sollen wir zusehen, daß einer unserer Brüder vom Tod bedroht ist? Wie könnt ihr zusehen? Ihr wißt, wir wissen, daß Ayub Massih schuldlos ist –."

„Pakistan – Zindabad!“ donnert die Menge.

„Brüderlichkeit – Zindabad!“

„Gerechtigkeit für alle! – Zindabad!“

Der Zug setzt sich erneut in Bewegung.

Auf halber Höhe stößt eine Gruppe junger Männer zu uns. Sie haben offensichtlich an der Vorbereitung nicht teilgenommen. Sie rollen ihre Banner auf – so rasch kann ich ihre in Urdu geschriebenen Parolen nicht lesen, dann sind sie schon an uns vorüber, ordnen sich in die vordersten Reihen ein. Und haben sich auch schon bald das Megaphon ergattert. Ein Gesetz des Rosenkranzes ist gerade komplett, als sie sich zu Wort melden: „Den Richter von Faisalabad – hängt ihn an den Galgen!“ (Auf Urdu macht sich das besser: Anwar ko – phansi do!) Der Rhythmus ist ansteckend; die Begeisterung der Jungen auch. Schon bald stimmt der halbe Zug in das Stakkato: ... Phansi do! ein. Himmel, jetzt wird es aber Zeit, daß wir etwas tun! Den Anführer habe ich bald gefunden. Ich bin auch entsprechend aufgebracht, um überzeugend zu sein. „Hört“, sage ich, „seid ihr Christen? Ist das, was ihr schreit, vielleicht christliche Botschaft? Was wollen wir? Rache schüren?“

Der Junge hält mitten im Satz inne. Greift sich an den Kopf. „Oho“, sagt er. Umklammert das Megaphon mit beiden Händen und verkündet mit aller ihm zur Verfügung stehenden Stimmgewalt: „Das eben – das war eine Falschmeldung – wir wollten das gar nicht sagen – wir stehen für Versöhnung und nicht Rache. – Wir sind Christen.“

„Ham Masih hain!“, wiederholt die Menge lautstark.

„Brüderlichkeit – Zindabad!“

„Gerechtigkeit – Zindabad!“

„Pakistan – Zindabad!“

Wie hätten wir jemals diese Aktion hingekriegt, denke ich, wenn die Kirche in Sindh nicht nun doch schon seit zwei Generationen geschichtlich verfaßt wäre? Wir haben eben doch mehr Wirkmöglichkeiten, als wir gemeinhin denken.

Ich bin fest davon überzeugt, daß alles, was nicht geschichtlich verfaßt, was nicht geerdet wird, im Gerede hängen bleibt. Irgendwie muß man konkret werden. Insofern spreche ich der Kirche nicht nur die Existenzberechtigung zu, sondern ich halte sie für unabdingbar. Wie sie dann im einzelnen aussieht, welche konkrete äußere Gestalt sie annimmt, das sind dann geschichtliche Fragen. Die sind natürlich nicht unnötig oder auch nur zweitklassig, es sind wichtige Fragen. Denn die Muslime, die mit mir in Verbindung kommen, die sehen ja nur die geschichtliche Verfassung meines Glaubens. Die sehen nicht das, was theologisch dahintersteht. Aber es sollte uns doch primär um die entscheidenden existentiellen und geistigen Fragen gehen, auch weil eben nur dann eine authentische geschichtliche Form erwächst, wenn die Fundamente und die Inhalte stimmen.

Für die Kirche als Ganzes wünsche ich mir mehr Risikofreudigkeit, daß sie sich nicht irgendwo festsetzt und nur auf ihren Positionen beharrt. Daß wir alle mit der Botschaft, die sie verkündigt, überfordert sind, das räume ich ein. Wir sind ja schon mit unserer Verantwortung im Biologischen überfordert, mit den neuen Einsichten etwa in die Biogenetik. Also sind wir noch viel mehr überfordert durch jemanden, der sagt: „Seid vollkommen, wie euer Vater im Himmel vollkommen ist." So etwas konnte nur Gott sich erlauben, ohne daß man darüber lacht. Insofern sollte man in der Kirche barmherzig miteinander umgehen, alles versuchen zu tun, was sich machen läßt, und im übrigen auf Gottes Barmherzigkeit vertrauen.

In bezug auf die Kirche habe ich weder Wunden aus meiner Kindheit, denn da gab es die Kirche nicht in meinem Leben, noch habe ich im Moment konkrete Probleme mit ihr, weil ich wenig mit ihr in Berührung komme. Aber noch einmal: es geht bei aller Notwendigkeit der geschichtlichen Fragen, die es zu lösen gilt, immer um die

Substanz und um den Kern des Christentums. Mir wird das deswegen so intensiv bewußt, weil ich in einer islamischen Umwelt, in einer vom Islam durch und durch gesättigten Atmosphäre lebe. Der Islam ist durchaus eine faszinierende Religion, aber ich könnte deshalb nicht zum Islam übertreten, weil er die Liebe weitgehend ausklammert, die im Kern des Christentums ihren Platz hat.

Ich meine die bedingungslose Liebe. Der Islam hat mir enorm geholfen, das Alte Testament besser zu verstehen. Ich bin immer froh, wenn in meiner Tageslesung Texte aus dem Alten Testament vorkommen und keine Briefe aus dem Neuen Testament. In die habe ich mich nie richtig hineinlesen können. Aber Texte aus dem Alten Testament lese ich mehr, als vorgeschrieben sind, sie sind faszinierend. Das Alte Testament ist ja auch wirklich so stark islamisch, daß ich, wenn es das Neue und damit das Christentum nicht gäbe, zweifellos eine Muslimin wäre. Der Monotheismus, der Glaube an den Einen Gott, ist eine starke Klammer zwischen unseren beiden Religionen. Da verbindet uns sehr vieles miteinander. Aber das Geheimnis der Menschwerdung Gottes ist dann eben nicht nur der quantitative, sondern er ist der alles aus den Angeln hebende qualitative Unterschied zum Islam. Von daher könnte ich keine Muslimin sein, denn auf die Menschwerdung Gottes, auf das Geheimnis der Menschwerdung Gottes würde und könnte ich nicht verzichten. Nie.

Das sollten wir hüten.

Denn darin ist die ganze Wahrheit enthalten. Daß sich Gott, dieser Einzige Gott, im ganz Gewöhnlichen, im Alltäglichen geoffenbart hat; in einem Kind, das gewickelt und gefüttert und in den Schlaf gewiegt werden mußte und laufen und sprechen lernen. Und dann ist er im Brot, im Zeichen des Brotes bei uns geblieben, in diesem alltäglichsten aller Zeichen. Und ich meine: man nimmt Gott nicht ernst, wenn man das nicht ernst nimmt. Denn diese „Alltäglichkeit" erlaubt es den Christen nicht länger, zwischen einer sakralen (heilen) Welt und einer säkularen Welt zu unterscheiden, die eben so ist, wie sie ist. Durch diese Menschwerdung ist alles heilig geworden, was mit Menschsein zu tun hat; hat alles diese atemberaubende Tiefendimension gewonnen, ist alles ein Abbild, ein Weg, ein Zeichen für Ihn und Seine Unbegreiflichkeit.

Es hat geregnet. Das würde in Deutschland keine Schlagzeilen machen, aber wenn es in Belutschistan regnet, gehört es in die Zeitung. Als es zu regnen beginnt, sind wir in einem Fischerdorf in Makran am Arabischen Meer. Der Regen hält zwei Tage an – danach sind wir von jeder Kommunikation abgeschnitten. Die Telefonleitung ist beschädigt – das Linienflugzeug, eine kleine Fokker, kann nicht landen – der Bus kommt nicht durch, weil ihm die Sturzfluten den Weg versperren, und unser Jeep kann nicht fahren, weil die Furt nicht mehr passierbar ist. Überdies verwandeln sich die Sandpisten nach einem heftigen Regenguß in tiefen Morast.

Als wir uns am zehnten Tag dann doch wagen (wir haben Patienten in Gwadar bestellt und wollen sie nicht enttäuschen), habe ich ein flaues Gefühl in der Magengrube. Die Sandwüste vor Gwadar – nein, man kann in ihr eigentlich nicht verlorengehen, denn selbst wenn man sich verfährt, bleiben die Berge am Horizont doch sichtbar, an denen kann man sich orientieren; vielleicht muß man einmal einen Sandsturm abwarten, aber Sandstürme dauern ja auch nur Stunden und nicht Tage. Aber wenn wir uns als erste in die Moorlandschaft wagen, in die sich die Sandwüste nach einem Regen verwandelt, und es ist zu früh, und der Sand trägt noch nicht –.

Die letzten Reste der einstmals gepflasterten Piste bleiben hinter uns. Der Sand hat die ehemalige Straße schon längst überweht, die Wüste den Kampf gegen die Eindringlinge gewonnen. Unser Fahrer verläßt sich forsch auf seine Intuition – wenn man auf der ehemals befestigten Piste bleibt, sinkt man nicht so tief ein. Wenn.

Einem Menschen helfen bedeutet, ihn zu berühren, zu ihm zu sprechen, ihm sein Gesicht wiederzugeben, sein Lachen und seine Tränen.

Da: vor uns: Radspuren! Radspuren ...

Das gedrückte angespannte Schweigen im Jeep weicht Gesprächen, Lachen, Neckereien. Der Fahrer zündet sich eine Zigarette an. Obwohl das Rauchen im Jeep streng untersagt ist, kurbeln wir nur die Fenster hinunter. Auch wenn der Wüstenstaub in den Jeep bläst.

Zwei Stunden später tauchen die Masten vom Fischerhafen von Gwadar am Horizont auf. „Ohne die Fahrspuren", sagt der Fahrer erleichtert, „wäre das echt schwierig gewesen." – „Allah ka barkat (Gottes Vorsehung)", kontert das Team.

Das Wesen des Glaubens ist der Sprung. Daß man etwas tut, etwas vollzieht, was eigentlich in einem selbst physiologisch und psychologisch nicht angelegt ist. Daß man irgend etwas zu erreichen versucht, was darüber hinausgeht. Und dabei geht man ein Risiko ein, selbstverständlich.

Glaube, das ist ganz sicherlich der entschlossene Sprung mit geschlossenen Augen in die absolute Dunkelheit hinein. Solange man noch in den eigenen, uns Menschen gemäßen Dimensionen von Zeit, Raum und Kausalität verharrt, braucht man keinen Glauben. Der fängt erst auf der anderen Seite an, in der diese menschlichen Kategorien nicht mehr wirksam sind, auf die sie nicht mehr zutreffen. Es gibt auch zahlreiche Zeugnisse in der Geschichte des Glaubens, daß Glaube ein Sprung in die Helligkeit, ins Licht sei. Das sind aber alles nur Bilder. Man könnte genauso sagen, Glaube sei ein Sprung in eine Helligkeit, die blendet, wie in eine Dunkelheit, in der man nichts sieht. Beide Aussagen gehen darauf hinaus, daß man eben die Organe nicht dazu hat, mit denen man sich auf diesem Gebiet so orientieren kann, daß man eigene, freie, intellektuell verantwortete Entscheidungen trifft. Da wird man irgendwie orientiert, nachdem die freie Entscheidung gefallen ist. Das Moment der Freiheit ist im Zusammenhang des Glaubens ganz wichtig. Man springt ja, man wird nicht in den Sprung reingeschubst. Es ist immer ein Wunder, wenn man glaubt.

Glaube fängt damit an, daß man Ungenügen verspürt. Wenn man dieses grundsätzliche Ungenügen nicht hätte, warum sollte man dann weitersuchen, über das hinaus, was einem von Geburts wegen oder von Rechts wegen im Leben zusteht? Es ist die menschliche Grunderfahrung, daß „in allem immer etwas zu wenig" ist. Solche Grunderfahrungen macht man besonders in den Hochformen menschlicher Beziehung wie die der Liebe. Wenn man in der Erfahrung der Liebe spürt, daß auch die Liebe noch zu wenig ist, dann fragt man natürlich, wo denn nun das Ganze ist, das Eigentliche? Das ‚Eigentliche' war in meiner Suchperiode für mich der Schlüsselbegriff. Ich habe mir immer gesagt, es muß doch noch etwas Eigentliches geben, wie könnte denn sonst dieser unüberwindbare Wunsch in meinem Herzen entstanden sein?

Klar ist aber auch, daß ich ein endlicher Mensch und als solcher in eine Geschichte eingespannt bin, daß der Glaube jeweils auch eine geschichtliche Gestalt gewinnt und gewinnen muß. Die Formen und die Arten, die Existenzweisen des Glaubens, die ändern sich. Sie ändern sich sogar immer wieder innerhalb eines Lebens, so wie die Lebensumstände selbst ständig wechseln. Wenn es nicht so wäre, wäre es kein Leben.

Zur geschichtlichen Gestalt des Glaubens gehört auch, daß von der Gemeinschaft, die wir Kirche nennen, Fahrspuren vorgezeichnet worden sind. Ich weiß, daß viele Menschen heute damit Schwierigkeiten haben, daß ihnen bestimmte Wege des Glaubens vorgeschrieben werden, weil sie doch ihren eigenen Weg finden wollen. Wenn natürlich der Weg des Glaubens nur als gepflasterte Straße mit weißen Markierungen vorgeschrieben wird, dann ist es auf die Dauer langweilig. Es ist aber nicht so gedacht.

Für mich waren Fahrten durch die Wüste, die Steppe, die Gebirgspisten immer wieder neue Schlüsselerfahrungen des Glaubens. Wenn man in Gebieten unterwegs ist, wo sich die Fahrspuren verlieren, weil man in einen Sandsturm gekommen oder die Spur verweht ist, dann wird man unsicher, muß man auch unter Umständen umkehren, bis man die alte Spur wieder findet. Wenn man dann aber wieder auf eine Fahrspur zurückkommt, die eindeutig diejenige ist, die zum Ziel führt: welche Erleichterung! Nach solchen Erfahrungen habe ich immer gedacht, daß doch kein Mensch mit gesunden Sinnen freiwillig von der Fahrspur abweichen möchte. Man kann Experimente machen, man muß Experimente machen, aber irgendwann führen sie an eine Grenze, und wenn man dann in dieser Richtung weitergeht, werden sie selbstmörderisch. Von der Fahrspur abweichen, kann dann tatsächlich zu kollektivem Selbstmord führen. Von daher sage ich mir auch oft, daß, wo das Leben sowieso schon so kompliziert ist, man doch froh sein soll, daß es Fahrspuren gibt. Wir kennen diesen Vorgang doch auch aus der Psychologie, aus der Charakterbildung: Solange das, was einem vom Eltern-Ich für das Kind-Ich vorgeschlagen wird, der kritischen Nachfrage durch das Erwachsenen-Ich standhält, wird jemand eine solche Fahrspur als hilfreich empfinden. Nur wenn es dann nicht mehr der kritischen Nachfrage standhält (wenn die Fahrspur gar nicht ans Ziel führt), wird es als belastend empfunden. – Das sind aber konkrete Dinge, das sind keine Glaubensdinge. Es gibt eine ganze Reihe konkreter Dinge, die mir, etwa von Rom, als Fahrspur vorgeschlagen werden, denen ich mich aber nicht verpflichtet fühlen kann.

Meine Fragen als Kind waren schon die Fragen nach Liebe und Tod – wie man sie erklären könne. Etwas, das dafür keine akzeptablen Erklärungen geboten hätte, hätte ich nicht als endgültig für meinen Lebensentwurf akzeptieren können. Später kam dann noch die Frage nach dem

Leid hinzu. Von daher war die Suchbewegung über das damals gängige Angebot unter Hitler oder auch in der DDR hinaus vorgezeichnet. Diese Suchbewegung ging dann wie in jeder Glaubensgeschichte über Menschen. Nicht, daß da irgend jemand entscheidende Bedeutung erlangt hätte. Aber diejenigen, die damals sagten, daß sie einer Kirche angehörten, die waren einfach weniger primitiv als die anderen. Mit denen konnte man noch reden, wenn die anderen schon am Ende ihrer ideologischen Platte waren oder überhaupt von vornherein nicht verstanden, worüber ich sprach. Und schließlich kamen wir alle aus dem Krieg, mit so vielen Fragen über uns selber, die naturwissenschaftlich nicht beantwortet werden konnten. Für mich war das eine Zeit, in der wir alles ausprobierten. Immer mit der Frage versehen, ob das, was ich ausprobiere, auch die Dimension hat, die mein Herz sättigt. Ich hatte damals eine Menge Freunde und nahm auch eine Menge Angebote wahr. Dabei habe ich mir dann auch gesagt, um der Vollständigkeit willen sollte ich auch noch das Christentum ausprobieren.

Das erwies sich aber unerwarteterweise als gar nicht so einfach. Da war ein ganz konkretes Problem: Ich wußte nicht, wie man so etwas denn nun technisch macht, Christ zu werden? Die arbeiteten mit Denkkategorien, die ich nicht besaß. Man kann sich gar nicht vorstellen, wie schwierig das ist, wenn man draußen ist. Eine Frage, die Insider nicht verstehen können. So wie ich das katholische Trauma vermutlich nicht nachvollziehen kann, können Insider nicht nachvollziehen, was es bedeutet, wenn man unter einem trüben Novemberhimmel mit einem Schirm im nieselnden Regen läuft und sich vergeblich fragt, wie man es technisch machen könnte, daß man mit jener Dimension in Verbindung tritt, für die die Kirche steht? Oder ob man für immer davon ausgeschlossen sei, weil das Tor sich nicht öffnet, und ich habe keinen Schlüssel?

Es gab und gibt nun einmal keine Gebrauchsanweisung,

wie man Christ werden kann, wenn man außerhalb des metaphysischen Ja steht.

Im Rückblick auf den Weg, den ich dann in diesem Glauben geführt worden bin (nachdem er sich einmal ereignet hatte), sage ich heute, daß ich keinen Augenblick zögern würde, mein Leben noch einmal so und genauso zu leben. Es gibt keine Erfahrung in meinem Leben, die mir nahelegen würde, daß ich besser einen anderen Weg eingeschlagen hätte. Die Entscheidung, die dazu geführt hat, daß ich katholisch geworden, in diesen Orden eingetreten bin, daß ich Medizin studiert habe und nach Pakistan gekommen bin, das alles sind Dinge, die ich nie bereut habe. Ich habe mein Leben als von Gott geführt empfunden. Wenn es anders wäre, wäre es auch sehr beunruhigend. Denn auf einer anderen Ebene habe ich mein ganzes Leben bis zum heutigen Tag als durchaus bedrohlich erlebt – von Anfang bis jetzt. Ich müßte mich wirklich konzentrieren, und dann würde ich auch nur mühsam einige Minuten aus der Erinnerung zusammenkratzen, in denen ich mich wirklich sicher und nicht bedroht gefühlt habe. Wenn es dabei nicht das Gegengewicht gegeben hätte, daß da jemand ist, der die Bedrohung kennt und der mich in die Bedrohung hineingeschickt hat und der will, daß ich auch wieder herauskomme, dann hätte ich das Leben nie und niemals genießen können. Das steht fest.

Für mich ist Gott eindeutig ein personaler Gott. Sonst hätte ich mit ihm keine Beziehung eingehen können, und er nicht mit mir. Das ganze Christentum wäre total irrelevant für mich, wenn es nicht eine Personenbeziehung ermöglicht hätte. Der ganze Weg zum Glauben und der ganze Weg im Glauben ist für mich sehr stark über Begegnungen und Beziehungen gelaufen. Die Antwort auf meine existentiellen Fragen gibt mir kein System, sondern nur ein Du. Von daher hätte ich mich auf keine Suchspur begeben, an deren Ende ich nicht die Möglichkeit der Du-Findung vermutet hätte.

Hoffnung – Was ich sehe, kann nicht alles sein

Die Rehabilitationsfarm für Drogenabhängige.

„O Herr", sage ich, „ich wollte immer das Verrückte tun – aber mir ist es nur teilweise gelungen, irgendwie war eben doch immer Strategie und Planung und Management drin – doch Bruder Norman, der hat es geschafft, das total Verrückte, das absolut Unmögliche zu tun!"

Die Drogenfarm – 156 Männer zwischen 16 und 45. Christen, Sunniten, Schiiten, Hindus; Analphabeten, Akademiker, Arbeiter, Büroangestellte – solch eine brüderliche Atmosphäre habe ich noch nirgends und niemals und nirgendwo gefunden.

Wenn diese Männer beim gemeinsamen Gebet sitzen – ich habe schon denken müssen: Vielleicht sind die Drogenabhängigen von Sinjhoro die fünf, um derentwillen auf Moses Fürbitten hin Jahwe Sodom und Gomorra verschont?

Die Unterkünfte reichen schon lange nicht mehr aus. Trotzdem wird keiner abgewiesen. Man schläft unter freiem Himmel – auf der Erde, in der Veranda, im Freien. Und wenn es regnet? Dann drängen wir uns halt in den drei regendichten Räumen zusammen.

Der Speisesaal: eine Lehmhütte, in der man schichtweise essen muß, weil sie nicht allen Platz bietet. Draußen ist mit großen weißen Buchstaben an die Wand geschrieben: God does not make junk – Gott macht keine Ausschußware.

Später. Viel später. Ich sitze in Deutschland mit einer jungen Frau zusammen, Akademikerin. Eine schwierige Kindheit, ein belastetes Berufsleben. „Wissen Sie, was mir die Kraft gegeben hat, doch wieder anzufangen und durchzuhalten?" fragt sie versonnen. „Ein Dia, das Sie einmal in einem Ihrer Vorträge gezeigt haben, von der Drogenfarm: God does not make junk ..."

Hoffnung ist der Ernstfall der Konkretisierung des Glaubens. Wenn kein Glaube da ist, dann ist Hoffnung auch nicht aufrechtzuerhalten, einfach weil Hoffnung auf etwas hinzielt, was es eben noch nicht gibt. Hoffnung um der Hoffnung willen wäre ein blauäugiger Optimismus, der sich nicht lohnt. Hoffnung ist die Weise, wie man den Glauben lebt. Man lebt mit der Hoffnung – und trotzdem! Man sagt: Was ich sehe, kann nicht alles sein. Hoffnung enthält ein Moment des Trotzes. Ohne Trotz hätte ich weder das gemacht, was ich gemacht habe, noch wäre ich bereit gewesen, weiterzugehen.

Woher ich die Kraft zur Hoffnung nehme, kann ich nicht sagen. Wenn sie nicht da wäre, wüßte ich auch nicht, woher ich sie beziehen oder bestellen könnte. Aber eines ist logisch: Gott hat kein Interesse daran, uns zum Narren zu halten. Wenn er uns schon auf den Weg des Glaubens führt, dann muß er auch dafür sorgen, daß wir die Kraft haben, ihn gehen zu können. Und uns den Nachschub geben, den Kraftstoff, den wir dazu brauchen, auf dieser Bahn zu bleiben. Woher soll ich ihn denn sonst holen, ich kann ihn doch nicht aus dem Nichts machen?

Also: ich verlasse mich auf den Nachschub. Ich schaue auch nicht nach, ob ich noch genug Hoffnung in meinem Tank habe. Ich bin ja bis jetzt noch nie steckengeblieben. Ich gehe einfach davon aus, daß ich genügend Reserven habe. Ich kenne bislang keine Erfahrung, daß Gott mich wirklich im Stich gelassen hätte, daß ich ihm weniger kostbar geworden wäre, oder von ihm nicht mehr ernst genommen würde. Auch wenn ich diese Erfahrung manchmal emotional nicht mitvollziehen konnte. Es gibt in meinem Leben, trotz aller Zweifel und aller schmerzhaften Erfahrungen, keinen Grund, der meine Hoffnung in ihrer Überzeugung ernsthaft erschüttern könnte. Wenn ich wollte, könnte ich natürlich auch an den Fundamenten kratzen. Aber ich erlaube mir das nicht. Und daß ich mir das nicht erlaube, ist eine intellektuell verantwortete Entscheidung. Ich habe keinen Grund, die Hoffnung wirklich anzukratzen. Denn was ich bislang getan habe, hat einmal mir selbst gutgetan, und dann finden die Leute, daß ich okay bin, und ich habe mit meinem Lebenswerk einer Menge Menschen helfen können. Deshalb sehe ich keinen Anlaß, Grundentscheidungen in meinem Leben zu widerrufen oder sie auch nur in Frage zu stellen. Wenn das so ist und wenn ich aus einer vielschichtigen Erfahrung vordergründiger Wirklichkeit weiß, daß dieses Vertrauen eine Sache gegen jede Logik ist, ein enorm verletzlicher Balancezustand, warum soll ich dann jedesmal wieder daran kratzen?

Irgendwann einmal, lange bevor ich Nonne wurde, habe ich irgendwo gelesen, daß die sicherste Weise, eine Liebe zu töten, ist, immer wieder zu fragen: Liebst du mich? Wenn ich ewig wieder und wieder frage, ob ich geliebt werde, dann kann der andere nur dagegen fragen, was er mir denn nun noch an Beweisen geben sollte. Wenn ich meiner depressiven Veranlagung nachgeben würde, sie kultivieren, dann könnte ich sehr leicht aus der Hoffnung herausfallen, sehr leicht. Deshalb beschäftige ich mich mit meinen Depressionen einfach nicht. Das ist auch ein Stück Ökonomie der Kraft, aber nicht nur. Es ist auch Fairneß dem Partner gegenüber. Sicher, die Liebe ist etwas so Verletzliches, daß die Frage nach ihr immer wieder aufkommt. Ich sage nur, ich erlaube mir nicht, diese Frage in meinem spirituellen Leben zu kultivieren. Ich würde mich niemals hinsetzen und über so eine Frage meditieren. Ich würde das (jetzt mal ganz im Insider-Jargon gesprochen) als Versuchung abtun. Natürlich gibt es Erfahrungen, nach denen man diese Frage einfach nicht mehr verdrängen kann. Dann muß man sich ihr stellen, aber erst dann.

Ich sage mir immer wieder, wenn ich Bilanz zu ziehen versuche, daß ich durchaus einiges bewegt habe. Aber aufs Ganze gesehen, ist es eben auch nur der berühmte Tropfen auf den heißen Stein. Aber ich habe etwas bewegt, und ich habe Menschen Hoffnung geben dürfen. Andererseits wehre ich mich dagegen, daß der Sinn meines Lebens vom Erfolg her definiert wird. Mein Erfolg war zufällig. Ich bin sehr, sehr froh und dankbar, für mich und für die anderen, daß der Erfolg eingetreten ist. Gegen die Freude, die sich durch so einen Erfolg einstellt, bin ich nicht immun; will ich auch gar nicht sein. Aber ich möchte nicht vom Erfolg her definiert sein.

Liebe – Ich lebe eine Liebesgeschichte

Johannes-Evangelium 13,1 hat mich immer fasziniert: „Und da er sich einmal entschlossen hatte, sie zu lieben, liebte er sie bis zum Ende." *Bis zum Ende*. Liebe ist verrückt. Oder sie ist keine Liebe. Oder, im Fachjargon: „... Liebe ist langmütig ... sie trägt nicht nach ... die Liebe hört nie auf ..." (1 Korinther 13).

Aber setz das mal in Wirklichkeit um! In einer Ehe – mit schwierigen Teenager-Sprößlingen – im Beruf (im Lehrberuf, in psychiatrischen Kliniken, in der Altenpflege ...), oder eben: in Pakistan.

Manchmal reicht es mir echt. *Manchmal reicht es mir*, besonders wenn die Jungs zum 25. Male ihre Ehre beweisen müssen und ihre Unabhängigkeit und in endlosen Diskussionen die Zeit beanspruchen, die eigentlich den Patienten und der Arbeit gehören. Das letzte Mal bin ich richtig ausgerastet. Habe den Raum im Protest verlassen und mich standhaft geweigert, wiederzukommen und mir die Geschichte noch einmal anzuhören, die ich schon aus dem Kopf hersagen konnte. Ich habe ernsthaft überlegt, ob ich nicht packen und etwas Wichtigeres tun sollte (mein Terminkalender ist sowieso chronisch überfüllt). Aber dann kam ich halt über das „bis zum Ende" nicht hinweg. Hatte ich nicht das Gleiche gesagt? Früher. Daß ich mich einmal für sie entschieden hätte? Was würde ich mit so einem dramatischen Abgang denn erreichen, außer daß ich mich abreagieren würde? Irgend etwas Konstruktives? Die Liebe – das kann verd ... konkret werden. Also hole ich tief Luft und mache doch den ersten Schritt. „Ihr könnt mich wirklich nerven", sage ich, „aber das bedeutet nicht, daß wir nicht doch miteinander sprechen, zusammen arbeiten können – also: was machen wir mit dem heutigen – mit dem morgigen Tag?"

An jenem Nachmittag, an dem wir langsam in die Normalität zurückhinken, hätte keiner erwartet, daß wir in diesem Teaching-Camp das Konzept und die Durchführungsmethoden erarbeiten würden, die uns in den folgenden Monaten die Möglichkeit geben werden, die Finanzierung des kombinierten Bekämpfungsprogrammes für Lepra und Erblindung sicherzustellen. Und dem Team die Freude an der Arbeit, die Freude am *Dienst* zurückgeben würden. So daß keiner mehr auf die Uhr schaut –.

Liebe ereignet sich nur in Beziehung – wie sonst? Selbst eine negative Beziehung, auch wenn sie den Namen der Liebe nicht mehr verdient, sieht wenigstens noch den andern. Manchmal, selten, gibt es ganz sicher auch Beziehungen, die laufen ganz kalt auf den Untergang des anderen hinaus. Für solche Beziehungen sollten wir das Wort Liebe natürlich nicht benutzen, wir würden es damit nur beschmutzen. Vom Menschsein kann man nur reden, wenn man die Liebe dabei mitdenkt.

Es gibt viele Erfahrungen der Liebe im Leben. Daß ein Leben gelingt, daß eine Ehe gutgeht, daß die Gesetze im Kosmos gültig bleiben, daß nach einem heißen Sommer wenigstens ein kühler Herbst kommt: das sind für mich konkrete Erfahrungen der Liebe Gottes. Sie sind nicht selbstverständlich. Unser Leben ist wohl oft weniger eine Geschichte der Bewährung als eine Geschichte der Bewahrung. Schon zu der Zeit, als ich noch nicht getauft war, war mir klar, daß ein gelungenes Leben Geschenkcharakter hat.

Es gibt Menschen, die meinen, es sei ein Zeichen von Tapferkeit und Erfolg, wenn sie „keinem etwas zu verdanken", sondern alles selbst erkämpft und erarbeitet haben. Ich glaube, das ist einfach eine falsche oder wenigstens oberflächliche Interpretation der Tatsachen. Denn von unserer Geburt über unser Frühstück am Morgen bis zu den Nachrichten vor dem Fernseher am Abend verdanken wir uns und den Ablauf unseres Tages ständig vielen anderen. Und wenn ich nicht nur meine Augen, sondern auch mein Herz offenhalte, erlebe ich die unzähligen täglichen Wunder des Lebens in dem Bewußtsein, daß die Welt jemandem kostbar ist, daß sie geliebt ist.

Fest steht, daß ich mein Leben mit aller Intensität als Liebesgeschichte lebe. Sonst lohnte es sich nicht. Liebe ist ein Geheimnis – sollte man darüber reden? Nein – um es zu schützen? Ja, um es nicht, besitzhungrig, für sich allein zu behalten? Und wenn ja, dann: Wie soll man darüber reden?

Ich habe keinen Zweifel, daß ich eine normale und intelligente Frau bin. Wenn ich dann sage, ich lebe mein Leben als „Liebesgeschichte", dann kann das lachhaft klingen. Ich möchte die Zartheit dieses Geschehens keinem aussetzen, ich möchte die Scheu wahren.

Es sollte nicht besonders schwierig sein, aus meiner Biographie eine religiöse Neurose zu konstruieren. Ich bin in einem Haushalt mit fünf Mädchen aufgewachsen. Dann war die Freude groß, als das sechste Kind ein Junge war, aber die Wunde, die sein Tod hinterlassen hat, war eben nicht mehr kompensierbar. Man kann mir sagen, ich habe danach mein ganzes Leben lang kompensieren müssen, daß ich eine Frau bin. Daß daraus die Dynamik erwachsen ist, daß, nachdem ich alles durchprobiert hatte, ich mir dann etwas erfunden habe, was eben wirklich noch niemand gemacht hat und daß ich, nachdem ich keinen Mann gefunden habe, der mir genügte, eine Existenzform gewählt habe, in der ich die Totalhingabe praktizieren konnte. Das alles kann man sagen, und man kann mir sagen, im Grunde sei das meine ganze religiöse Geschichte – eine Neurose. Das kann jemand denken, und ich kann es ihm nicht verbieten. Es verunsichert mich nicht – trotzdem und verständlicherweise rede ich nicht gern über diese Geheimnisse.

Daß ich es dennoch tue, hängt zusammen mit der Frauenbewegung der Beginen im Mittelalter, hängt zusammen mit dem Buch „Der Berg der Liebe".

Denn es ist eine Tatsache, und eine Wahnsinnstatsache, daß in der Geschichte der christlichen Mystik die entscheidenden Aussagen über das Verhältnis des Menschen zu Gott immer im Bild der Liebesbeziehung ausgedrückt wurden. Brautmystik. Es gibt eine Mystikerin, Mechthild von Magdeburg, aus dem 13. Jahrhundert, die davon gesprochen hat, daß ihre Sonderstellung im Himmel darin liege, daß sie den Mut gehabt habe, „nackt ins Bett der Minne zu steigen". Das ist eine Aussage von höchster Intensität – wer hat heute schon noch den Mut, so heißblütig zu schreiben? Im heutigen Kontext der schalen Zweitinformationen muß das natürlich falsch verstanden werden. Wir wissen ja alles besser. Wir können arrogant oder zynisch dagegen einwenden, daß Frauen damals solche Ausdrücke hätten wählen müssen, weil sie keine Möglichkeit zu einer partnerschaftlichen Begegnung gehabt hätten und sich in der religiös geschwängerten Atmosphäre ihrer Zeit eben solche neurotischen Pseudobefriedigungen haben verschaffen müssen. Und wir heutigen Besserwisser ziehen die andere Interpretationsmöglichkeit nicht in Erwägung: daß Gefühle damals noch glühend und primär erlebt und ausgedrückt wurden und diesen Frauen Dimensionen offenstanden, von denen wir nicht mehr wissen, weil wir uns mit dem Greif- und Meßbaren zufriedengeben und nicht mehr träumen und nicht mehr fliegen. Weil wir die Ekstase verlernt haben.

Wenn mich jemand nach der innersten Substanz meiner Beziehung zu Gott fragt, möchte ich mich auf der einen Seite, wenn ich ihm dadurch helfen kann, nicht verweigern. Aber in die Öffentlichkeit gehört diese Antwort nicht. Nicht heute, nicht in einer Zeit, die die Behutsamkeit der Scham nicht mehr kennt und deshalb in glühenden Bildern nicht mehr reden kann (steht das nicht in unserem Heiligen Buche, daß man Perlen nicht ins Schweinefutter mischen sollte? – eine ganz schön deutliche Anweisung).

Aber um noch einmal auf die Sexualität zurückzukommen: Bei einer kritischen Betrachtung über die Rolle und das Verständnis der Sexualität in der heutigen Gesellschaft komme ich immer noch zu der Überzeugung, daß ich lieber die Sexualität als Gott eines Menschen entdecken möchte als das Geld. Denn in dieser flüchtigen Erinnerung an Liebe, die wir uns in unserem Reden über die Sexualität noch leisten, kommt der andere wenigstens noch vor, und vielleicht ist sogar noch ein Stück Ekstase darin, ein Stück Selbstvergessen. Beim Geld als Gott ist alles materiell.

Glück – Wenn es mir den Atem verschlägt

Die Hochebene von Naur. Ich habe immer dem Tag entgegengefiebert, an dem wir wieder einmal über die Hochebene von Naur mußten – denn freiwillig sollte man das nicht tun, dazu war es wohl doch ein bißchen zu gefährlich. 3000, 3200 m hoch. Man übernachtet am besten im letzten Bazar, der noch eine Unterkunft zu bieten hat, und fährt morgens noch vor Sonnenaufgang los, denn man weiß nie, ob man die Piste findet und wirklich durchkommt, oder ob man verschiedene Fahrtrouten ausprobieren muß.

Violettes Licht über den kahlen Bergen uns zur Seite – vor uns die reine Unendlichkeit, durchsichtig, kristallen, von einer jenseitigen Klarheit ... Am Horizont das silberne Funkeln eines Sees, der sich in die Unendlichkeit verliert – oder ist es nur eine Fata Morgana (ich weiß es bis heute nicht, ob es den See wirklich gibt). Einmal überholt uns eine Schar wilder Pferde, mit fliegenden Mähnen in rasendem Galopp, bremsen kurz vor unserem Jeep ab – wir hatten schon den Atem angehalten.

Naur – wilde Freiheit – trunkene Unendlichkeit – Vorahnung der Ewigkeit – Traum der letzten, alles erfüllenden Begegnung.

Nur einmal, einmal sind wir um die Mittagszeit aufgebrochen. Die Wüste Naur, grau in grau, braun in braun, flach, geheimnislos, der Staub dringt durch alle Ritzen des Jeeps, wo war der See? Am Horizont nur noch ein müdes Blinken – wo ist der Zauber der Hochebene geblieben? Das Licht: plattes geheimnisloses Licht überall, die Sonne steht senkrecht, es gibt keine Schatten – alles ist gleich, alles ist

Freude, ursprüngliche Freude, gibt es überall. Oft im verborgenen. In den Hinterhöfen des Elends.

banal, alles ist gleich-gültig – bis der Traum bei sinkender Sonne von neuem beginnt, mit den wachsenden Schatten, dem violettpurpurnen Abendlicht ...

Alle Menschen suchen Glück, alle fragen, was ist Glück?

Wann bin ich glücklich?

Wenn ich unter Glück verstehe, daß ich in Harmonie bin mit meinem ganzen Leben, dann träfe das wohl auf die meiste Zeit meines Lebens jetzt zu: Was kommt, ist okay für mich. Aber an Glück würde ich mehr Anforderungen stellen – Glücksmomente sind für mich, wenn es mir den Atem verschlägt. Wenn ich zum Beispiel merke, daß es bei meinen Mitarbeitern, bei den Lepraassistenten oder denen, mit denen ich eben eng zusammengearbeitet habe, geklickt hat, wenn eine wichtige Einsicht gewonnen oder eine richtige Entscheidung getroffen ist.

Ich will natürlich die Frustration, die Vergeblichkeit, die in jedem Leben und ganz sicher auch in meinem Leben geballt drin sind, nicht herunterspielen. Aber ich werde mich nie zu einem Leben zwingen lassen oder in ein Leben hineinzwängen, in dem ich nicht glücklich bin. Ich hätte mein bisheriges Leben nicht ausgehalten, wenn ich nicht wirklich auf diese unerklärlich sichere Weise überzeugt davon wäre, daß die Frustration, die Vergeblichkeit eben auch sinnvoll sind. Ich glaube, daß Gott groß genug ist (und über genügend Ressourcen verfügt), auch aus der verfahrensten Situation noch etwas Gutes herauszuschlagen. Wenn ich daran nicht glauben könnte, hätte ich wirklich nicht durchgehalten, denn, wie gesagt, der Enderfolg bei der Lepraarbeit, den hat man ja auf dem Wege nicht gespürt, der war ja noch nicht einmal erwartet. Auf dem Wege sieht man ja nur die Schwierigkeiten und die Mißerfolge – besonders, wenn man für das Funktionieren des Gesamtprogrammes verantwortlich ist, in dem ja immer irgend etwas irgendwo nicht klappt.

In den Krankenblättern steht so manche wunderbare und schreckliche Geschichte. Anderen helfen kann glücklich machen.

Ich hätte meine Arbeit aber auch ohne den Enderfolg getan. Vielleicht nur, um mein schlechtes Gewissen zu beruhigen, aber eben auch auf Grund der Überzeugung, daß es immer noch besser ist, irgend etwas zu tun als gar nichts. Es ist immer besser, etwas zu versuchen, als sich bloß hinzusetzen und zu warten und das Leben verrinnen zu lassen. Selbst auf dem Weg, auf dem man etwas versucht, das dann am Ende nicht zu dem gewünschten Erfolg führt, sind so viele aufregende Entdeckungen zu machen, so viele schöne und traurige Dinge zu erleben, sind so viele Möglichkeiten zur Einsicht gegeben, zur Reife, daß sich das immer lohnt. Ohne dabei auszuklammern, daß es eben auch Teile des Lebens gibt, die sich vordergründig als reiner Wahnsinn darstellen.

Elie Wiesel hat mir dabei sehr geholfen, diese Überzeugung ins Wort zu bringen. Er hat ja das Schrecklichste erlebt, was ein Mensch überhaupt erleben kann. Und ich lebe ja nun auch in einem Lande, in dem das Schreckliche täglich vorkommt, alles, Folter und Dunkelhaft und alles nur erdenklich Schreckliche. Ich hatte nur zwei Möglichkeiten angesichts dieser Situation: Entweder hätte ich Pakistan verlassen können, damit hätte sich aber hier auch nichts geändert (daß ich hiergeblieben bin, ändert aber auch nichts). Oder aber hier zu bleiben und zu versuchen, in meiner eigenen kleinen Einflußsphäre Menschen dabei zu helfen, daß sie an einen Wert, an die Macht der Gewaltfreiheit zum Beispiel glauben. Ich lebe ja in diesem Lande in einer Kultur, die im Grunde noch in der Blutrache verwurzelt ist und die jetzt plötzlich die Gelegenheit zu einem organisierten Terrorismus hat. Auf menschlicher, geschichtlicher Ebene ist es fast verständlich, daß sie der Faszination der Gewalt verfallen – oder wenigstens teilweise verständlich, womit die metaphysische Frage des Warum des Leides nicht beantwortet ist. Aber wie gesagt, da erwarte ich auch keine Antwort. Nicht hier.

Natürlich ist es für viele Menschen nicht einfach, im Einklang zu sein mit ihrem Leben. Es ist für keinen einfach. Ich glaube, es ist überhaupt unmöglich, das ist wirklich nur möglich als Geschenk. Und es ist auch nichts, was man hat, was man besitzt, es ist weder etwas, was man hat, noch etwas, was man ist. Es ist irgend etwas, das wird. Das einzige, was wir selber vielleicht machen können, ist, daß man sich Glück entweder verbaut oder daß man ihm die Tür öffnet. Wie? Daß man die Dinge so sieht, wie sie sind. Daß man zuhört. Daß man nicht gegen die Sterne wünscht. Daß man sich zwar als unersetzbar kostbar, aber nicht als Nabel der Welt begreift, zum Beispiel.

Einstieg ins Glück geht immer über das Du. Normalerweise über das menschliche Du. Außerhalb von menschlichen Beziehungen gibt es kein Glück – jedenfalls kein länger anhaltendes Glück. Es gibt natürlich – aber auch da würde ich Fragen stellen – das Glück im Kunstgenuß zum Beispiel. Aber das ist eigentlich auch ein Du-Glück. Entweder weil man sich sagt: Diese Erfahrung, die ich da gemacht habe, muß ich unbedingt dem oder jenem erzählen, oder weil man in der Betrachtung des Kunstwerkes in Verbindung getreten ist mit jemandem, der das Geheimnis der Welt so ausgedrückt hat, wie ich das schon immer gern selbst ausgedrückt hätte. Da ist also auch ein Du-Moment drin. Ein reines Einsamkeitsglückserlebnis kenne ich nicht. Ein anderes Beispiel liegt für mich in der Naturerfahrung. Ich erinnere mich da an die wunderschönen Gesteinsformationen, die ich auf meinen Fahrten durch Belutschistan immer wieder sehe und bewundere. Für mich sind sie immer Ausdruck der überschwenglichen Verschwendung Gottes, und in der Anbetung ist immer eine Du-Erfahrung, und deshalb Glück in der Betrachtung.

Bei wirklichem Glück ist schon immer ein Du drin, und wenn man das Glück sucht, sucht man immer das Du im Glück. Ob eine Beziehung dann „glückt" oder nicht glückt, das ist dann natürlich eine andere Frage, obwohl die Psychologen sagen, eine negative Beziehung sei immer noch besser als keine Beziehung. Selbst wenn sich Eheleute anschreien, selbst wenn es zu Gewaltanwendung in der Ehe kommt, dann sei das immer noch besser, als wenn beide nur vor dem Fernsehschirm sitzen, gähnen und dann ins Bett gehen, und es tut sich überhaupt nichts. Man ignoriert sich – und spricht sich damit gegenseitig die Existenzberechtigung ab.

Die Liebe sagt: Es ist gut, daß es dich gibt.

Die Gleichgültigkeit sagt: Es macht keinen Unterschied, ob es dich gibt. Es wäre ebenso gut, wenn es dich nicht gäbe.

Aber der Mensch ist nicht als Einzelwesen gedacht. Wir sind schon geschaffen worden (wenn wir nicht geklont sind) aus der Vereinigung von zwei Zellen. Und selbst wenn wir geklont sind, werden wir aus der Vereinigung von zwei Zellen geschaffen, der Entwicklungsimpuls kommt erst bei der Vereinigung mit einer zweiten Zelle in Gang, das ist auch beim Klonen nicht anders.

Daß man seinen eigenen Lebensraum braucht, seine Privatsphäre, das weiß wohl kaum einer besser als jemand, der in Asien lebt wie ich, wo es den Privatbereich praktisch nicht gibt, wo die Individuation gerade erst ansetzt und deshalb auch das Bedürfnis nach Privatsphäre weithin unbekannt ist.

Ich meine, daß das Single-Sein keine primär erstrebenswerte Gesellschaftsform ist, auch wenn es im Einzelfall eine sinnvolle Lebenserfüllung sein kann. Der Gott der Christen ist kein Einpersonenhaushalt, sondern er ist wesenhaft Beziehung. Sonst könnte er nicht Liebe sein. Das ist eine logische Folgerung.

Wir sollten auch wissen, daß die Bereitschaft, sich dem anderen hinzugeben, notwendigerweise das Risiko beinhaltet, daß der andere einem weh tut. Das läßt sich gar nicht vermeiden. Billig läßt sich das Leben eben nicht haben und die Liebe schon gar nicht. Das Single-Dasein als idealisiertes Lebensmodell hat nach meiner Überzeugung deshalb keine Zukunft, weil es quer liegt zum Wesen des Menschen, für den es „nicht gut ist, allein zu sein".

Ich will das aber auch nicht nur negativ sehen oder dieser gesellschaftlichen Erscheinung die Bedeutung absprechen. Wahrscheinlich ist auch sie Teil einer großen Suchaktion. Wir können nicht so weitermachen, wie wir bisher immer verfahren sind, wir müssen die Frage stellen, ob wir uns verfahren haben, wir müssen Dinge neu entdecken, die so grundsätzlich sind, daß wir ohne sie nicht leben können. Liebe zum Beispiel. Oder Treue. Aber in welcher Form wir sie wiederentdecken, das müssen wir erst einmal sehen.

Einmal. Ich konnte den Konflikt nicht mehr vermeiden. Ich hatte versucht, ihn zu umgehen – ihn wenigstens hinauszuschieben – nein, es ließ sich nicht mehr verantworten, ich hätte das Programm in Gefahr gebracht. Wie in allen schwierigen Situationen: ein Konglomerat von Interessen, Intrigen, Hilflosigkeiten, Feindschaften, Banalitäten. Die Provinzialregierung war mit verwickelt, die Kirche, Leprapatienten und Lepraassistenten, ausländische Mitarbeiter und dadurch auch ausländische Geldgeber – es half nur eines, ich mußte durch. Und wenn ich doch durch mußte, sollte ich es auch gleich und radikal und ein für allemal zu klären versuchen – mit so wenig zerschlagenem Porzellan als möglich, aber auch so viel zerschlagenem Porzellan als nötig, um zu einer Klärung zu gelangen.

Die Auseinandersetzung eskalierte über alles hinaus, was ich erwartet hatte. Okay, ich hatte ja gesagt, ich wüßte, ich müßte durch. Die Priester der Diözese verweigerten mir die Kommunion vor dem Altar. Okay, was half es, ich mußte durch.

Aber ich rief Jeannine an. Meine belgische Mitschwester in Karachi. „Hör", sage ich, „bring mir das Altarsakrament, sonst wird es doch schwierig für mich."

2400 km von Karachi nach Peshawar.

Am vierten Tag war Jeannine bei mir. Mit dem Allerheiligsten. „Ich hätte es anders gemacht", sagte sie. „Wenn der Orden mir nahegelegt hätte, aus Pakistan abzureisen, wäre ich abgereist. Aber ich kann deine Gründe sehen, warum du anders entschieden hast. Und besonders, ich konnte sehen, da hatte ich nicht den geringsten Zweifel in

Schwester Jeannine, die Freundin, hat ein besonders herzliches Verhältnis zu den Kindern. So lernen sie zu begreifen, was Würde heißt – Menschenwürde.

meinem Herzen: ich konnte sehen, daß du das Sakrament brauchst."

Seither haben wir nie mehr gezweifelt, daß wir Freunde sind.

Was macht eine Freundschaft aus? Daß du den Freund bitten darfst – und daß er sich in seinen Entschlüssen davon leiten läßt, was dir guttut. Und es durchführt, auch wenn es Unbequemlichkeiten und Opfer von ihm verlangt. Daß sich der Freund zurücknimmt und dir Raum und Heimatrecht gibt, so wie du bist. Du darfst du selbst sein; so wie du bist.

Und er wird seine Freundschaft nicht auf gegenseitige Bedürfnisse aufbauen, sondern er wird sich mit dir um ein Drittes, um ein Größeres scharen, um etwas, was euch beiden kostbar ist.

Freundschaft ist sehr wichtig im Leben eines jeden Menschen. Der Vorteil der Freundschaft, als Ausprägung der Liebe über die begehrende Liebe hinaus, besteht wohl darin, daß ich in einer Freundschaft den anderen wirklich so sehe, wie er ist, und nicht so, wie ich ihn für mich selber brauche. Anders kann man von Freundschaft nicht sprechen. Ich habe einige Freundschaften mit Männern gehabt und habe sie noch; sie haben mich sehr bereichert. Wirkliche Freundschaften mit Frauen sind bei mir seltener. Ich habe eben nicht im Pakistan der Frauen gelebt und deshalb weniger Gelegenheit gehabt, Frauen zu treffen. Aber die wenigen Freundschaften mit Frauen waren eben doch sicher die entscheidendsten; ganz sicher aber die tragfähigsten. Zum Beispiel Jeannine. In unserer Jugend hätte man sich kaum größere Gegensätze denken können: Jeannine, Flämin, extrovertiert, für gutes Essen und ein gemütliches Heim zu haben, immer Zeit für Small talk, verbreitete um sich eine Atmosphäre von Behagen, Lachen und Entspannung.

Ich, primär intellektuell, mit einem erheblichen Bedürfnis nach Alleinsein, problemorientiert, analytisch, die am liebsten im Stehen aß und gut aus Koffern leben konnte.

In einem allerdings trafen wir uns von Anfang an: in unserer Sorge für Menschen – besonders für Menschen in Not. In unserer Fähigkeit zum Vertrauen und unserem Willen zum Risiko.

Als wir uns kennenlernten, war ich Novizin, und Jeannine noch nicht in den Orden eingetreten. Daß es dann doch geschah, hatte viel mit dem Herrgott und einiges mit der Lepraarbeit zu tun. Das war der Anfang einer nun 35jährigen Freundschaft, in der wir uns viel haben geben können, der ich meine Teamfähigkeit und Jeannine wohl ihre Fähigkeit zum Alleinsein verdankt.

Freundschaft braucht Zeit zum Wachsen und Reifen. Man muß Geduld haben, bis die Freundschaft zu einer wirklichen Aussage reif ist. Freundschaft hat immer ihren Anfang im Gefühl der gegenseitigen Ergänzung, daß man in ihr immer etwas geschenkt bekommt, etwas erfährt, das man selbst nicht hat, was einen bereichert und ergänzt. Aber wenn man Freundschaften über längere Wegstrecken lebt, dann ändert man sich, und der andere ändert sich, und dann kommen eben auch Wegstrecken, wo der andere einem das nicht geben kann aus irgendeinem konkreten Grund, weil er zum Beispiel krank oder überarbeitet ist. Aber dann, und genau nur dann kommt die Freundschaft auf den Prüfstand. In einer wirklichen Freundschaft hat der andere das Recht, so zu sein, wie er ist. Eine Freundschaft muß ihm den Freiraum verschaffen, in dem er auch einmal so sein darf, wie er eigentlich nicht sein sollte. Ohne bedingungslose Annahme wächst keine Freundschaft – übrigens auch keine Liebe. Deshalb würde ich zwischen Freundschaft und Liebe auch keine strenge Grenze ziehen. Freundschaft ist unter Liebe subsumiert. Natürlich darf man Liebe dann nicht auf eheliche Liebe einschränken. Auch die eheliche Liebe hat ein starkes Moment der Freundschaft. Aber die totale Hingabe in der ehelichen Liebe ist eben nur als zweigeschlechtliche Totalhingabe möglich. In dieser Hinsicht wird man in einer Freundschaft natürlich nie eins. Freundschaft wird immer in ihrer Einheit ein Drittes anstreben. Freundschaft hat immer einen Kern, den man zusammen bejaht, dem man gemeinsam nachspürt, den man gemeinsam sucht.

Ich habe einmal etwas über das Bittgebet gelesen, das ich nie vergessen habe. Die Argumentation lief in etwa so:

– Überleg dir mal, mit wem du Pläne machen kannst. Vermutlich mit vielen.
– mit wem du Musik genießen kannst. Mit immer noch einer guten Anzahl.
– mit wem du geschäftliche Probleme besprechen kannst. Immer noch ein gewisser Kreis.

Aber zähl mal die, die du in einer Stunde der Not um etwas bitten kannst – wenige. Vermutlich sehr wenige. Bitten kannst du nur deinen Freund.

Und das genau ist das Bittgebet. Ein Beweis, daß du einen *Freund* hast.

„G. M. hat angerufen, er erwartet Sie in Lahore." In der Stimme von Zamir schwingt offene Bewunderung mit.

„Hm", sage ich.

„Sie müssen unbedingt gehen!" drängt Zamir. „Er hat gesagt, er würde Sie auf dem Flughafen abholen, auf dem Rollfeld."

„Ich weiß nicht", sage ich.

„... Sie sind bestimmt die einzige Frau, der er das angeboten hat", fährt Zamir beschwörend fort, „es ist bekannt, daß er es mit Frauen nicht hat".

„Ich kenne mehrere in dieser Kultur, die es mit Frauen nicht können."

G. M. ist ein in der politischen Szene einflußreicher, sehr einflußreicher Mann. Und wir haben ein paar Probleme im Projekt. Also, ich fliege nach Lahore.

Es werden zwei unerwartet schöne Tage. Lahore ist das Kulturzentrum Pakistans. Wir schlendern durch die blühenden Mogulgärten, stehen mit angehaltenem Atem vor der Pracht der Mogulpaläste, ihrer Intarsien, ihrer ebenmäßigen Proportionen; wir tauchen in das bunte Gewühl des Bazars – es ist das erste (und einzige) Mal in meinem Leben, daß ich Pakistan als Tourist genieße. Aber das Entscheidende geschieht in der Königsmoschee.

Schon die Ausmaße des Baues lassen einen tief durchatmen und zur Ruhe kommen – versetzen einen in einen schwebenden Zustand der Erwartung auf eine Welt jenseits des Alltags. Die Schuhe läßt man vor der Moschee – man schreitet barfüßig über die sonnenheißen Kacheln des Innenhofes, die Luft flimmert, die Gewölbe am Ende des Hofes verheißen Kühle und Sammlung.

Dann: In der Moschee.

Halblautes Psalmodieren von Koranversen. Es ist still – still. Die Wände und Gewölbe sind mit kostbaren Arabesken geschmückt. Die quadratische Anordnung herrscht vor. In der Herzmitte des Quadrates – nichts. Leere.

Ich stehe davor. Für einen Augenblick vergesse ich Zeit und Ort. Das leise rhythmische Gebet flutet in Wellen über mich, durch mich. Der zärtliche Wind streicht durch die offenen Arkaden. Ich bin verloren – in diese Herzmittenleere – in die ebenmäßige Schönheit der Unendlichkeit.

Als ich wieder aufwache, steht G. M. neben mir. Er sagt nichts. Erst später wird er mich über jenen Tag in Lahore – und jene Minute in der Badschahi-Moschee fragen.

Wir werden über jenen Gott der Unbegreiflichkeiten sprechen. Theologia negativa. Der sich trotzdem als Gott der Beziehung, und so als Gott der Liebe offenbart hat. So glauben wir Christen.

Es leuchtet mir sehr ein, daß die Juden das Wort Gott nicht aussprachen. Die einzige gescheite Definition oder besser der einzige gescheite Definitionsversuch, den ich gefunden habe, ist die Aussage: Gott ist ein Vokativ.

„Gott" ist kein Begriff, der etwas erklärt. „Gott" ist eine Anrufung.

Darüber hinaus kann ich nichts sagen. Da bin ich unheimlich vorsichtig geworden. Ich habe viel Zeit und Erfahrung damit verbracht, von Gottesbildern loszukommen, die offensichtlich zu einseitig und zu eng und zu verständlich waren. Heute versuche ich, keines zu haben und auch nicht darüber zu reden. Gott ist immer ganz anders als unsere Vorstellungen von ihm.

Ich bin überzeugt, daß es Gott gibt. Atheismus ist für mich keine nachvollziehbare Option. Da weist schon die Logik der Sprache darauf hin. Wenn wir „a-theistisch" sagen, dann sagen wir doch damit aus, daß wir das, was atheistisch ist, offensichtlich nicht positiv formulieren können. Der negierte Tatbestand lebt im Wort weiter. Wir können sagen: Gott ist tot, oder: es geht auch ohne Gott, oder: ich bin Nihilist. Ich „glaube" an das Nichts. Aber damit negiert man ja seine eigene Erfahrung. Es gibt eben kein Nichts.

Dann habe ich auch meine Auseinandersetzung mit dem Gottesbild des Islam. Gott ist für mich eben nicht der Alleinherrscher, das ist er ganz sicherlich nicht. Gott ist ein Du, weil er sich dazu entschlossen hat, in Beziehung zu existieren; innergöttlich in Beziehung, aber ebenso in wehrloser Beziehung zu uns. Deswegen ist er für uns Du und Liebe.

Wenn ich Christ bin, dann heißt das, daß ich an die Dreifaltigkeit glaube. Und wenn ich an die Dreifaltigkeit glaube, glaube ich an einen Gott, der in Beziehung lebt. Und wenn er in Beziehungen lebt, und er lebt ja nicht in aggressiven Beziehungen, dann lebt er als Liebe. Wenn er Liebe ist, ergibt sich der Rest von selbst. Aber ich muß mir natürlich immer die Türe dafür offenhalten, daß seine Liebe etwas anderes ist, andere Tiefendimensionen hat, als was ich mir unter „Liebe" vorstelle.

Ich bin mir durchaus darüber im klaren, daß es menschlich gesehen auch dunkle Erfahrungen mit dieser Liebe gibt. Aber ich tue mich mit solchen Aussagen sehr schwer. Vor allem, weil ich weiß, wie stark ich depressiv gefährdet bin. Wenn ich mich in diese Vorstellung hineinknien würde, dann wüßte ich nicht, wie ich wieder herauskommen sollte. Zum anderen: wenn Gott wirklich ein Gott der Liebe ist, dann kann nichts wesenhaft Dunkles in ihm sein. Die Dunkelheit, die wir sehen, gibt es eben nur, weil wir das Licht auf der anderen Seite nicht sehen können.

Ich habe mein Leben, weiß der Himmel, nicht blauäugig gelebt. Ich bin Zeugin von Leid gewesen, von Gewalt, wahrscheinlich mehr, als einem durchschnittlich aufgetragen ist. Ich weiß, daß ich die Antwort einfordern werde –

nicht hier auf Erden. Aber danach. Wenn ich den Durchblick habe. Und diese Überzeugung, daß ich die Antwort bekomme, gibt mir dann hier die Kraft, die Dinge anzuschauen, wie sie wirklich sind, und nichts zu verdrängen.

Man kann Fakten oft nicht ändern. Aber wir können hinschauen, und wir müssen hinschauen auf das, was wirklich ist. Und wenn alles reiner Irrsinn ist, das sagt Elie Wiesel auch, dann heißt die Alternative, daß ich entweder wahnsinnig werde und damit aus der Verantwortung aussteige, oder daß ich hinschaue und mich der Verantwortung stelle. Und hinschauen kann ich nur, wenn ich überzeugt bin, daß das, was in der Zeit meines Lebens geschieht, eine Durchgangsphase ist. Eine wichtige Durchgangsphase, eine, die über Leben und Tod entscheidet. Aber daß es doch irgendwo auf der anderen Seite noch eine Wahrheit gibt, von der wir nicht träumen können und die uns trotzdem erwartet.

Jesus selbst hat am Kreuz über seine Gottverlassenheit geklagt. Und ich meine, man sollte nicht wagen, ein Christ zu werden, wenn man nicht bereit ist, irgendwann einmal auch an dieser Erfahrung teilzuhaben. Beim Verlust eines geliebten Menschen; im Schicksal einer Totalbehinderung. Vielleicht erfahren wir das deshalb so schrecklich, weil nach unserer endlichen Denk- und Argumentationsweise Gott negativ in die Liebe eingreift und sich gegen die Liebe entscheidet.

Ein unabdingbarer Teil unseres Christseins ist, daß Gott nicht verständlich ist. Sonst wäre er nicht Gott. Daher die Konsequenz: Entweder man entscheidet sich, Christ zu sein, und bejaht dann auch das, oder man will das nicht und steigt aus. Aber wenn man einen verständlichen Gott für sich konstruiert, dann verrät und negiert man das, was Gott ausmacht.

Man muß heute sehr sensibel und sehr genau auf die Menschen hören, um zu spüren, ob man überhaupt, und wenn, dann mit wem man über Gott sprechen sollte. Denn „angemessen" über Gott läßt sich natürlich sowieso nicht reden, das ist per definitionem nicht möglich. Aber wir sollten doch so sprechen, daß es Menschen von heute wahrnehmen können, Zugang erhalten, daß sich Wege öffnen. Einander an die Hand nehmen, das kann man nur für die ersten Schritte. Bei den nächsten Schritten werden wir von einem anderen an die Hand genommen.

Ich bete mein Leben

Vor dem Zimmer in dem Gemeinschaftshaus, in dem ich in Karachi wohne (wenn ich in Karachi bin), steht ein Neemtree. Und da das Zimmer im zweiten Stock ist, wohne ich direkt in den Zweigen dieses Baumes – direkt *im Grünen*, in einer Steppen- und Wüstengegend wie Karachi ein wahres Geschenk.

Manchmal, wenn ich Zeit habe (wenigstens einmal im Jahr, während der Exerzitien, kommt das vor), liege ich einfach nur so auf meinem Bett und schaue in den Neemtree. Nur so. Ich kenne den Baum seit langem, und ich kenne ihn gut. Seine gefiederten Blätter, die unauffälligen sanften kleinen weißgrünlichen Blütendolden. Die Sonne, die durch die Blätter scheint und sie grüngolden aufleuchten und wieder verblühen läßt, und ein anderer Teil des Baumes erblüht in grüngoldenem Glanz. Und der Wind, der sanft und zärtlich oder heiß und versengend oder rauh und fordernd durch den Baum streicht. Die Krähen auf seinen Ästen und die Zebrafinken, groß wie Stare. Und wenn ich mich nach solch einer Stunde – solchen Minuten dann zögernd wieder von meinem Baum trenne, wird er nie wieder derselbe sein wie zuvor.

Warum?

Weißt du es nicht?

Du bist verantwortlich für deine Rose ...

Wie man mit dem unfaßlichen Geheimnis, das wir Gott nennen, versucht in Beziehung zu treten, ist eine wichtige Frage. Wie mit dem Numinosen in Kontakt treten, hat alle Kulturen zu allen Zeiten umgetrieben (unsere nicht ausgenommen). Ich glaube also, daß es im Menschen eine Anlage gibt, daß er dieses Unsagbare anrufen, ansprechen möchte, daß er das Unbedingte in irgendeiner Weise erreichen oder danach suchen muß, daß ihn sein Hunger nach dem Unendlichen, dem Numinosen treibt.

Mit der konventionellen Art des Betens kann ich nicht sehr viel anfangen. Das mag damit zusammenhängen, daß ich eben nicht im christlichen oder kirchlichen Kulturmilieu aufgewachsen bin. Wenn ich mich unseren Novizinnen gegenüber nicht verantwortlich fühlte (die ja nicht meine atypische Entwicklung durchlaufen haben), würde ich wohl auch in Karachi kaum mal in einer Kapelle oder Kirche sitzen und dort beten (schon wegen der italienischen Gipsfiguren nicht).

Wenn mich meine Oberin nach meinen Gebetszeiten fragt (und sie hat das oft besorgt getan), dann kann ich wirklich nur zurückfragen: Wann bete ich nicht? Wenn ich mich ganz hingebe, mit meinem ganzen Leben, dann bete ich eben mit meinem ganzen Leben, wann sonst? Ich tue es ja freiwillig, es hat mich keiner gezwungen. Wie das dann im einzelnen aussieht und sich ausdrückt, das ist unterschiedlich. Ich bin in der privilegierten Situation gewesen, daß ich die längere Zeit meines Lebens in mehr oder weniger unmittelbarer Gefahr gestanden habe. Da kann man sich keinen Illusionen hingeben. Ein Beispiel: das Reisen in den ersten zwanzig bis fünfundzwanzig Jahren in Pakistan (jetzt sind die Straßen ein bißchen besser geworden, und ein bißchen habe ich mich auch daran gewöhnt), diese Reisen waren so, daß ich wirklich nie wußte, ob ich zurückkomme. Ich habe in gewisser Beziehung dann auch in Karachi die Situation wirklich gesucht. Nicht unbedingt nur um mich zu bestätigen, ich glaube, das war im Anfang so, jetzt ist es aber nicht mehr so ausgeprägt. Wenn man, durch die Arbeit bedingt, durch Projekte, die sich über das ganze Land hinziehen, dauernd unterwegs sein muß, dann kracht es auch ständig irgendwo. Insofern habe ich das große Glück gehabt, daß mir meine äußeren Lebensumstände geholfen haben, illusionsfrei zu leben. Niemals habe ich mich irgendwo hinsetzen können in der Gewißheit, daß irgend etwas für immer und ewig oder auch nur für längere Zeit Bestand und Gültigkeit haben kann. Meine Mitschwester Jeannine entsinnt sich noch heute, daß ich in der ersten Zeit, in der wir miteinander unterwegs waren, über nichts als den Tod gesprochen habe. Das hat mich immer fasziniert: das Eigentliche, das danach kommt.

Verfaßtes Gebet ist auch einfach deshalb schwierig für mich, weil ich es so wenig geübt habe. Und auch weil die Sprache ein so unzureichendes Mittel ist. Ich lese nicht viel, gerne würde ich es mehr tun. Aber ich kann nicht mehr als zwanzig Kilo Fluggepäck mitnehmen. Als Meditationsbuch gebrauche ich ausschließlich die Bibel; die Bibel (einschließlich des Alten Testaments) spielt die zentrale Rolle in meinem Leben.

Wenn ich mal wirklich längere Zeit meditieren will, dann muß ich schon in Exerzitien sein, sonst ist es schwer, irgendwo einen Platz zu finden, an dem man ungestört ist.

Beten ist für mich einfach eine existentielle Tatsache. Gott ist ständig in meinem Leben anwesend, und es wäre unmöglich, ihn irgendwo da herauszuhalten. Ich halte es mit Ignatius, der gesagt hat, daß man Gott suchen soll in allen Dingen. Und kein Ding ist zu schlecht und zu gering, zu schön oder zu faszinierend, als daß man in ihm nicht Gott suchen und finden könnte. Vorausgesetzt, man sucht wirklich, man nimmt sich die Zeit, man entwickelt die Disziplin, damit man Ihm Raum schaffen kann. Für einen Freund muß man Zeit haben.

Ich liebe die Natur – Aber sie ist nicht nur schön

Vier Stunden müssen wir jetzt pausenlos in dem Jeep gesessen haben, er schlingert und stöhnt und prustet und kracht, daß man sich kein Wort unterhalten kann. Jetzt hält der Fahrer an. Gebetszeit – ha!, wenigstens fünfmal am Tag kann ich dem Gefährt für fünf Minuten entkommen!

Ich steige aus. Draußen: kein Laut. Kein Vogel, keine Fliege, kein Baum, kein Windhauch, der in den Blättern spielt – nichts. Stille. Dröhnende Stille. Für einen Augenblick erfaßt mich Schwindel.

Die Jungen haben ihre Gebetsmatte über den Sand gebreitet. Ich klettere über den ersten Sandhügel. Und dort, im Nichts, in der absoluten Öde, in dieser endgültigen Absage ans Leben, dort im Wüstensand: eine Blüte. Eine winzige gelbe Blume.

Fünf sonnengelbe Blütenblätter. Fünf Kelchblätter. Ein winziger Stengel. Sonst nichts. Ich knie vor dem Wunder. Hier – hier –. Wo ist die Blume hergekommen? Woher dieser Mut zum Unmöglichen, zum total Unmöglichen? Woher dieser zarte wehrlose und doch so unüberwindliche Trotz?

Ich bin richtig aufgeregt, als ich zum Jeep zurückkehre. „Hört", sage ich, „ich muß euch was zeigen – also was ich entdeckt habe – unerhört!"

Wir klettern die Sanddüne hinauf, hinunter. Die Mitarbeiter sind nicht im entferntesten so beeindruckt wie ich. Und keiner von ihnen wird wissen, daß ein gut Teil der Erfolge, die wir in den nächsten Monaten in den Unterredungen mit der Provinzialregierung haben, auf jene gelbe

Wüstenblume zurückzuführen ist. Wenn sie es geschafft hat ...!

Meine Liebe zur Natur, meine Haltung der Schöpfung gegenüber verdanke ich zunächst einmal meiner Biologielehrerin, die uns angeleitet hat, ein Beobachtungsbuch zu führen. Das hat mir enorm geholfen, meine Beobachtung zu schärfen, den Jagdinstinkt zu entwickeln, daß sich, gleich wo, auch zwischen zwei Tretsteinen auf dem Weg, immer noch etwas Aufregendes abspielt und etwas Bemerkenswertes zu entdecken ist.

Wenn man die Schönheit der Natur und der Schöpfung anschaut, dann kann es einem immer wieder den Atem verschlagen. Das gilt für den gesamten Bereich, von der Geburtshilfe über die Genzusammensetzung bis zu den Bergen des Karakorum und der unerwarteten kleinen einsamen gelben Blume in der Wüste.

Das ist allerdings nur die eine Seite.

Die andere: ich erinnere mich an meine ersten Exerzitien in Deutschland, nachdem ich in den Orden eingetreten war. Ich war in einem wunderschönen Park und badete geradezu in Naturgenüssen. Und da saß ausgerechnet eine Amsel vor mir auf dem Rasen, zerrte einen Regenwurm aus der Erde und fraß ihn auf. Das Bild hat mich bis heute nie verlassen. Das ist auch Natur und Schöpfung. Ich erlebe Natur bei meinen Reisen im Lande, im Gebirge oder in der Wüste, immer wieder als feindselig, hart, grausam. Sandstürme und Springfluten und Bergrutsche und Lawinen. Aber das korrigiert sich dann auch immer wieder, denn das ist dann der andere Teil der Wirklichkeit: spielende Sonnenstrahlen im Nußbaumlaub – gelbe Butterblumen und blaue Vergißmeinnicht, Skabiosen und Augentrost, wilde Möhre und roter Klee auf den Weiden, gurgelnde Wiesenbäche und der silberne Glanz des Mondes auf den Gletschern oder auf den unendlichen gelben Sanddünen am Arabischen Meer.

Ich sage immer wieder: Ein leidfreies Leben ist ein banales Leben. Nicht, daß ich Leid irgendwie verherrlichen möchte. Aber es ist eine Grundtatsache des Lebens, daß sich alles in Gegensatzpaaren von Licht und Schatten abspielt. Ruhe genießt man viel intensiver, wenn man so viel Krach um sich hat, wie ihn eine asiatische Großstadt kostenfrei anbietet. Diese Gegensatzpaare haben gewiß etwas Konfliktträchtiges an sich. Aber ich versöhne sie nicht miteinander, oder ich versöhne mich mit ihnen nicht. Ich assimiliere sie existentiell, soweit sie assimilierbar sind. Wenn sie es nicht sind, kommen sie auf meine eschatologische Liste. Auf der stehen auch die Amsel und der Regenwurm. In der Schöpfungsgeschichte steht, daß die Vögel des Himmels die Pflanzen der Erde fressen sollen. Aber die Amsel frißt den Regenwurm. Man kann uns Menschen ja nicht für alles verantwortlich machen.

Gerechtigkeit ist auf Erden nicht durchsetzbar

„Ich muß sechs Kinder ernähren", sagt Falak Sher verzweifelt, „wo soll ich das Geld hernehmen? Und Badarsahib hat nicht einmal eine Frau zu ernähren, und er bekommt das doppelte Gehalt."

Ich kann Falak Shers Sorge mitfühlen; die Preissteigerung selbst der Grundnahrungsmittel während der vergangenen Monate ist in keiner Weise von einer entsprechenden Gehaltserhöhung abgefangen worden.

Trotzdem versuche ich zu erklären. „Badar hat eine verantwortliche Stellung in der Buchhaltung, er würde in jedem Betrieb doppelt soviel verdienen wie ein Helfer auf Station."

„Aber ich bin Leprapatient, und Badar ist gesund. Ist nicht eigentlich das Geld aus Deutschland für die Leprapatienten da?"

Was soll ich darauf antworten? Daß die Sorge für die Leprapatienten eine effiziente Verwaltung fordert?

„... Und überdies: Ist es die Schuld meiner Kinder, daß ihr Vater keine Chance gehabt hat, zur Schule zu gehen und sich für einen Beruf zu qualifizieren, der ein hohes Gehalt beanspruchen kann?"

Kindergeld – mein Traum vom Kindergeld ist immer am entrüsteten Protest des Führungsteams gescheitert. Kindergeld? Pakistan leidet an seinem Geburtenüberschuß, man sollte jedem mit mehr als drei Kindern das Gehalt für jedes weitere Kind kürzen. Im Führungsteam haben sie nicht mehr als zwei, drei Kinder. In den gebildeten Kreisen wird Geburtenbeschränkung praktiziert. Die Armen, die keine Rücklagen haben, müssen Kinder haben, sonst ist das Alter nicht gesichert. Selbst meine katholische Lobby ist gegen Kindergeld. Aber hat Falak Sher mit seinem Argument nicht recht?

„Hör", sage ich, „du mußt dich mit deiner Frau hinsetzen und sehen, wie ihr das Haushaltsgeld einteilt, damit ihr über die Runden kommt. Und wenn ihr irgendeine Sonderausgabe habt, eine unvorhergesehene, Krankheit oder so etwas, dann komm wieder."

Falak Sher.

Ich habe ihm keine Lösung geben können, nicht einmal Hoffnung, keinen Trost. Ich habe nur zuhören können, ihn in seiner Not ernst nehmen. Und bleibe zurück mit der nagenden Frage in meinem Herzen: Wenn ein Mann, der ein Leben lang fürs Projekt gearbeitet hat, wenn der seine Kinder nicht ernähren kann, kleiden, zur Schule schicken, keinen Monat ohne Schulden über die Runden kommt – was ist dann schiefgegangen, läuft da schief?

Gerechtigkeit ist auf Erden nicht durchsetzbar und noch nicht einmal planbar. Einfach schon deshalb, weil man, wenn man dem einen voll gerecht werden will, dem anderen sofort etwas abstreiten muß. Es gibt nur eine relative Verteilergerechtigkeit, und um die sollte man sich allerdings mit allen Kräften bemühen.

Was ist Gerechtigkeit? Am Beispiel der Menschenrechte: Sind sie wirklich die geschichtliche Inkarnation der Gerechtigkeit? Wenn man ihren tatsächlichen Zustand ganz nüchtern anschaut, dann muß man diese Frage schon stellen. Sicher, wenn sie durchgeführt würden, dann wäre vieles besser – o ja, da wäre *vieles* besser! Aber es ist auch eine Tatsache, daß die Menschenrechte von einem primär individualistischen Weltbild her formuliert sind. Wenn sie eine Erweiterung und Ergänzung vom Grundgedanken der Gemeinschaft her erführen, wäre das vermutlich eine Bereicherung. Natürlich würde ich die Menschenrechte nie in Frage stellen. Das Leben und die Würde des einzelnen sind unantastbar. Oder sollten es sein.

Kinderarbeit in Karachi.
Tage-, wochenlang sitzt er und stickt Kleider für die Reichen.
Schlecht bezahlt, müde. Früh (leider) krümmt sich …

Oder, was mich auch umtreibt: Reine Gerechtigkeit ohne Liebe ist unmenschlich. Auge um Auge, Zahn um Zahn – die alttestamentliche Gerechtigkeit, die ja auch die Gerechtigkeit im Islam ist – ist das eine Gerechtigkeit? Also: ist Blutrache dann nicht auch „gerecht"? Nein, selbst wenn Gerechtigkeit auf der Welt durchsetzbar wäre (und nicht einmal das schaffen wir), die Welt wäre immer noch ein Ort des Leides. Erst wenn ich der verrückten Logik dessen folge, was in meinem Heiligen Buch geschrieben steht, erst dann kann ich hoffen, ein wenig dazu beitragen zu dürfen, daß diese Welt ein bißchen wärmer und ein bißchen lichter wird.

Ich aber will diesem letzten (der nur eine Stunde im Weinberg gearbeitet hat) den gleichen Lohn geben wie dem ersten (der seit dem Morgen geschuftet hat).

Warum? Weil der letzte eben vorher keine Chance bekommen hat (keiner hat ihn geheuert!), und Er will, daß wir alle eine Chance haben, unser Leben in Fülle zu leben.

Frieden – Er beginnt zwischen den Religionen

„Mein Gott", sagt Kushan Shah, „haben die sich nie in die Augen gesehen? Nie miteinander über Felder und Vieh und die Kinder gesprochen? Wahnsinn, sich so abzuschlachten!"

Wir sitzen vor dem Haus unseres Leprapatienten und warten auf den Tee. „Denn ohne Tee", hatte Halim gesagt, „ohne Tee verlassen Sie mein Haus nicht – das würde ich nicht verwinden!"

Wir: das sind ein Sunnite, ein Schiite, ein Ismaeli und eine Christin. Die Nachricht von dem Massenmord in Mazhar Sharif in Afghanistan sickert gerade durch; 6000 sagen die einen, 8000 die anderen. Die Schiiten haben 2000 Taliban erschossen, als sie Mazhar Sharif das erste Mal rückerobert haben; die Massengräber sind bekannt. Wir wußten, daß die Taliban eine Null daran hängen würden, wenn sie die Chance zur Rache haben –.

„Was die Taliban nur in ihren Köpfen haben?", sagt Rashid nachdenklich. „Wann hält sich Allah denn die Ohren zu? Wenn ich bete – oder Mohammed Ali – oder Kushan Shah – oder Dr. Pfau? Allah hört doch auf alle, die reinen Herzens rufen'."

Ein Schmetterling gaukelt von Malvenblüte zu Malvenblüte, zart, verletzlich, bunt und schön. Der Bergwind treibt die Rufe der Hütebuben zu uns herüber. Halims elfjähriger Sohn bringt sorgfältig die Teetassen, füllt sie mit süßem grünem duftendem Tee. Diese Minuten sind meine Sternstunden: wenn das Team zusammensitzt und philosophiert. „Hört", sage ich, „wo habt ihr das bloß gelernt, daß es kleinkariert ist, sich wegen seiner religiösen Überzeugung anzugreifen?"

„Das ist ganz einfach", sagt Kushan Shah. „Sie haben die Teams immer gemixt. Wir haben uns in die Augen geschaut. Wir haben miteinander geredet. Wir haben die gleiche Aufgabe angepackt, und wir haben ganz selbstverständlich entdeckt, daß der andere prächtig ist – nicht *obwohl* er Schiite oder Sunnite ist, sondern *als* Schiite oder Sunnite."

Es gibt nur ein Heilmittel gegen Feindbilder: sich persönlich kennenzulernen und gemeinsam eine Aufgabe anzupacken. Und das ist dann auch ein kleiner, aber kein unüberwindbarer Weg zum Frieden.

Ich habe keine abstrakte Vorstellung vom Frieden. Die jeweils konkrete Situation ist es, die mich herausfordert. Frieden ist in Pakistan etwas, wonach sich zwar jeder sehnt, aber man hat die Hoffnung weitgehend aufgegeben, daß Frieden möglich ist. Man arrangiert sich und entwickelt Überlebenstechniken.

Die Frage, die sich uns im Zusammenhang mit dem Frieden global stellt, ist die Frage nach den wichtigsten Krisenherden und was man im Kleinen dagegen tun kann, damit sich keine katastrophale Kettenreaktion daraus entwickelt. Bei uns in Pakistan ist ganz sicher die religiöse Toleranz von fundamentaler Bedeutung. Über Toleranz haben wir im Team viel nachgedacht, und besonders deshalb über religiöse Toleranz, weil religiöse Themen alltägliche Themen sind in Pakistan. Von daher gesehen haben wir keine langen Anlaufwege, wir können gleich zum Kern der Sache kommen. An der Gleichwertigkeit aller Religionen in den Augen Gottes wird im Team bei uns wohl ernstlich kaum einer noch zweifeln. Wenn man natürlich über den Weg dahin spricht, dann ist es klar, daß der islamische Weg zum Frieden über die anderen Wege erhaben ist; aber im gleichen Atemzug ist es ihnen auch klar, daß dieses ur-

sprüngliche islamische Ideal an allen Fronten verraten wird. Und damit kann ich sie in die Pflicht nehmen. Denn Friedensarbeit beginnt nicht mit großen Worten, sondern mit konkretem Handeln an der Stelle, wo man gerade ist.

Heimat – Ort, an dem ich willkommen bin

Zu Hause kann der Mensch nur sein, wo man ihn erwartet.

Für mich ist Heimat ein schwieriger Begriff. Meine Generation ist ja weitgehend ohne Heimat aufgewachsen. Wir waren im wörtlichen und übertragenen Sinne unbehaust.

Ich habe eine unvergessene Zweiterfahrung von Heimat gehabt, die ich einem unserer Lepraassistenten verdanke. Als er nach Karachi zur Ausbildung kam, hatte er zum ersten Mal in seinem Leben sein Dorf verlassen. Danach sind wir zusammen dorthin zurückgefahren. Die Fahrt war schon sehr abenteuerlich. Wir fuhren mit einem Bus, bei dem der zweite Gang, wenn man bergauf fuhr, immer heraussprang. Da ich vorn neben dem Fahrer saß, wurde ich gebeten, den Gang festzuhalten, damit er nicht mehr herausrutschte. Nach vielen Schwierigkeiten kamen wir dann schließlich bei Sonnenuntergang auf dem Paß an. Von dort aus schaute man in das Tal, aus dem Sultan stammte. Das gehörte damals noch nicht zu Pakistan, sondern zum unabhängigen Bergkönigtum Swat. Sultan, so hieß der Lepraassistent, stieg aus, schaute in das Tal hinunter und sagte: „Das ist meine Heimat." Dieser Satz hat mir in einer überwältigenden Weise deutlich gemacht, was für ein Gefühl das sein muß, wenn man nach Hause kommt. Er war ganz aufgeregt, erzählte mir alle Einzelheiten, die für ihn zusammengenommen das Gefühl von Heimat ergaben: die Abende im Bazar, wenn man die Wärme so wohlig um die nackten Beine spürte, und dann der kühle Nachtwind von den Bergen – der Geruch der warmen Fladenbrote – das Gackern der Hühner. Morgens der Ruf des Muezzins von der Moschee („... der ruft noch richtig! Wir haben kein Band, das er nur verschlafen auflegt und ablaufen läßt"), die ersten Stimmen vorm Haus und das Bellen der Hunde – da waren so viele Dinge, die für ihn, zusammen, eben Heimat bedeuteten.

Eine solche Erfahrung hatte ich nicht. Oder doch: in meiner Kindheit gab es natürlich Heimat, aber die Erinnerung daran habe ich nicht kultiviert, um nicht heimatkrank zu werden. Ich gehöre zur ausgebombten Kriegsgeneration, der wirklich das Dach über dem Kopf weggerissen wurde und die damit zu leben gelernt hat.

Für mich ist Heimat etwas, was man nicht machen kann. Was man auch nicht krampfhaft nachholen kann, wenn man es einmal verloren hat. Ich habe mich zur Heimatlosigkeit entschieden, ein Ja dazu gesagt. Diese Entscheidung ist auch ganz günstig für so eine Art von Leben, wie ich es führe. Sie hat es mir sehr erleichtert, jede Nacht in einem anderen Bett zu schlafen. Mir macht das eigentlich nicht mehr viel aus.

Trotzdem: kein Mensch kann ohne Heimat leben. Irgendwo muß er seine Wurzeln in einen verläßlichen Boden senken können. Den Satz habe ich neulich gefunden: „Heimat ist dort, wo man erwartet wird." Man kann Heimat also doch „finden". Andere können sie einem schenken. Wenn ich einen Ort nennen sollte, an dem mir Heimat geschenkt ist, dann ist es unser Noviziat in Karachi. Oft komme ich dort unangemeldet an. Ich plane es auch oft extra so, daß ich unangemeldet ankomme, und ich komme auch nach Möglichkeit zur Essenszeit an, wenn alle zusammen sind. Wenn ich dann hereinkomme, und alle drehen sich um, erstaunt und überrascht, weil sie mich nicht erwartet haben, und ich sehe ihre Freude, dann fühle ich mich selbst überrascht, fühle mich angenommen und immer erwartet. Daß ich jederzeit an diesen Ort kommen kann, das empfinde ich als Heimat. Heimat ist für mich ein Platz, an dem, ganz egal, wann, warum und wie ich ankomme, ich immer willkommen bin. So wie ich bin.

Es ist still. Um die Mittagszeit. Ein afghanisches Flüchtlingskind im Schatten. Ziege und Kind sind geborgen.

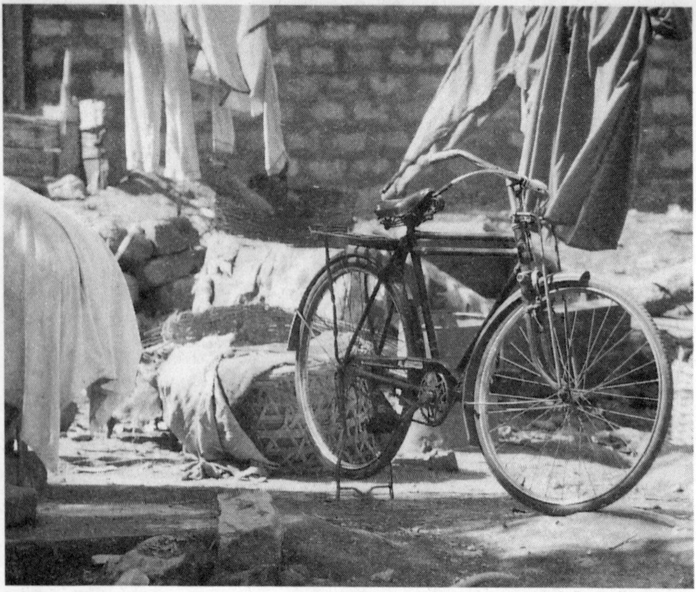

Viele schuften ein Leben lang, um sich Weniges nur „leisten“ zu können. Wer will denn nicht vorankommen, ein Dach über dem Kopf und der Seele haben?

Der Begriff der Heimat spielt ja auch in der frühen Christenheit eine große Rolle. Die frühen Christen sagten schon, daß sie hier auf Erden keinen bleibenden Aufenthalt hätten und ihre Heimat im Himmel sei. Sie verstanden sich nicht nur als Bürger dieser Welt, sondern auch als Bürger einer anderen Welt, nicht von der Welt, aber doch in der Welt. Sie fühlten sich hier nie ganz zu Hause, hatten ihre Heimat anderswo. Sie wußten und glaubten, daß das letzte, das unbedingte Angenommensein nur jenseits von hier erfahren werden kann. Am Ende hat Heimat ganz eindeutig etwas mit einer tiefen Beziehung zu tun.

Wonach ich ein Leben lang gesucht habe

Als der Tod ganz nah war, in der auf mich gerichteten Kalaschnikow, war ich seltsamerweise ganz cool. Ich hatte andere Dinge zu tun, als Angst zu haben. Ich hatte Rashid Kugelschutz zu geben – Rashid, der sich durch seine Loyalität zu mir in diese Lage gebracht hatte. Ich hatte den Jungen mit dem Maschinengewehr davon abzuhalten, daß er ein Mörder wurde, denn das konnte man sehen: ein Berufsmörder war dieser Dorfjunge nicht.

Ich weiß nicht, wic ich diese Situation bestanden hätte, hätte ich dem Maschinengewehr allein gegenübergestanden, hätte mich keine Aufgabe „abgelenkt". Aber warum mache ich mir noch immer Sorge um das Falls und Wenn? Wenn ich doch aus hundertfacher ähnlicher Erfahrung weiß, daß man die Kraft bekommt, wenn man sie braucht.

Eine Geschichte ist mir im Gedächtnis hängengeblieben, sie spielt irgendwann im Mittelalter, und einer (der sich später als Heiliger herausstellen sollte) fragte, beunruhigt, seinen Beichtvater: „... gestern ist mir aufgegangen, und heute nacht habe ich nicht schlafen können: wenn mir die Alternative gestellt würde, Todsünde oder leprakrank, ich würde die Todsünde wählen."

Und der Beichtvater, trocken: „Dann warten Sie mal, daß die Alternative gestellt wird."

So wird uns auch der, der uns erwartet, in jenem Moment beistehen; uns unseren Schutzengel senden, um uns abzuholen.

Der Gedanke ist mir einmal gekommen, und seither hole ich ihn gern zurück: ob uns wohl unser Schutzengel abholt?

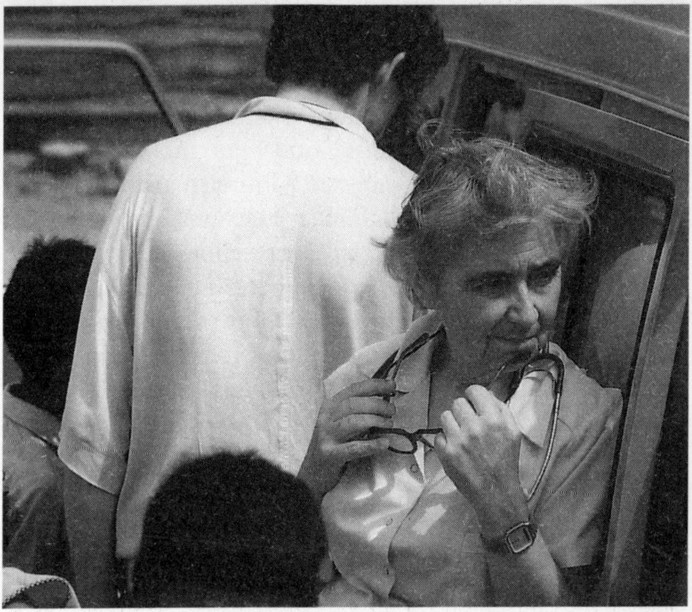

Wir machen viele Grenzgänge. Aber der letzte kommt auf uns *zu. Und dann? – Ein neuer Horizont. Und immer wieder ein neuer Horizont …*

Abholen spielt in meinem Leben ja eine wichtige Rolle – denn allein reisen in Pakistan ist wahrhaftig nicht einfach, man muß ja immer erst herausfinden, wo was wann abfährt und ob (nur beim Flugverkehr ist es besser, aber auch bei weitem nicht immer); und wenn nicht, oder nicht dort, wo es angekündigt war, wie kommt man dann zu dem Ort, an dem man wirklich das Transportmittel findet? Wenn man zu zweit ist, wird es schon mal mit dem Gepäck leichter – und wenn der andere die Sprache spricht, und wenn er die Gegend und vielleicht sogar die Sitten jener Transportlinie kennt, dann kann ich mich ganz beruhigt zurücklehnen. So kam es in meine Gedanken: Wenn man dann Zeit, Raum und Kausalität verläßt, wird er uns abholen? Und dann kann ich mich ganz beruhigt zurücklehnen. Der Gedanke beruhigt mich. Zum Beispiel: wenn mir der Flugzeugführer der Fokker (der mich in die Kabine gebeten hat) sagt: „Man hat mich gewarnt, ich sollte nicht fliegen, die Sicht ist schlecht, aber ich dachte, ich versuche es doch mal", und ich kann von der Kabine aus sehen, daß die Sicht wirklich schlecht ist, und die Maschine hat kein Radar.

Das Leben, das *Leben* ist Protest gegen den Tod.
Denn der Mensch ist nicht für den Tod geschaffen.

Ich wundere mich immer wieder, daß der Mensch, trotz der Erkenntnis aller seiner Grenzen, obwohl er weiß, wie erbärmlich er im Grunde ist, wie abhängig von seinen biologischen Funktionen – wir brauchen nur Zahnschmerzen zu haben, und dann haben wir überhaupt keine Lust, auch nur nett zu unserm Nachbarn zu sein –, wie er trotzdem die Kühnheit hat, in seinem tiefsten Bewußten und Unbewußten davon überzeugt zu sein, er sei unsterblich (und sei es auch nur durch Seelenwanderung).

Unser Kampf gegen die Lepra hier in Pakistan ist im Grunde ja auch ein Protest gegen den Tod. Allerdings:

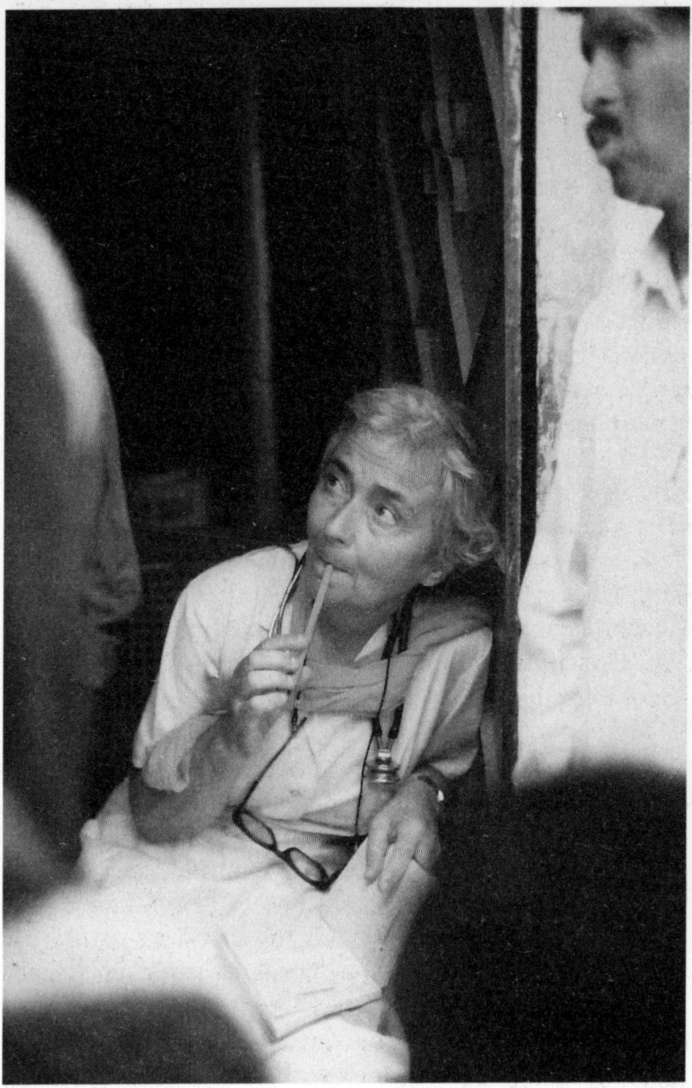

wenn wir Freiheit vom Tode mit der innerweltlichen Existenz allein definieren, liegen wir dann doch falsch, greifen wir zu kurz. Denn Unsterblichkeit heißt ja nicht noch mal älter und noch mal älter und noch mal älter werden. Mein Leben war schön, manchmal atemberaubend schön, und ist auch noch schön (wenn ich mir die Mühe mache, es schön zu finden), ich genieße es immer noch, aber ich denke nicht, daß ich es noch mal von vorn anfangen oder gar verdoppeln wollte, und schon gar nicht verewigen wollte hier auf Erden. Wenn schon ewig, dann soll es auch qualitativ anders sein. Das bedeutet nicht, daß ich nicht eine kreatürliche Angst vor dem Tode, vor der letzten Metamorphose habe. Wenn ein Baby, das wissen wir ja, Angst hat, geboren zu werden, dann ist es auch normal und natürlich, daß wir Angst haben, wiedergeboren zu werden. Es wäre verstiegen, wenn man sagen würde, man findet den Tod ganz normal. Der Tod ist nichts Normales. Aber man kann vor der Tatsache des Todes nicht einfach die Augen verschließen. Jeder Abschied ist eine Vorform des Todes, jede Grenzerfahrung erinnert uns daran, übt uns in die letzte Hingabe ein.

Mir bleibt die Hoffnung, daß ich im Tode dem begegnen werde, den ich ein Leben lang gesucht habe. In dieser durch den Tod erreichten endgültigen Nähe, hoffe ich, wird sich das Geheimnis meines Lebens entschlüsseln. Ob und wie das geht, bleibt letztlich ein Geheimnis. Ich lasse mich überraschen. Bis es soweit ist, lebe ich mein Leben weiter, in trunkener Nüchternheit. Ich tue das, was zu tun ist. Und ich tue es im Bewußtsein, daß darin immer noch mehr verborgen ist und sich schließlich, ganz am Ende oder auch danach zeigt, was mir hier verborgen geblieben ist. Daß es sich mir zeigt im Lichte der ewigen Liebe.

Ruth Pfau

Wer keine Tränen hat

HERDER spektrum

Band 4924

Das Buch

Vor bald vierzig Jahren blieb sie auf dem Weg nach Indien in der pakistanischen Hafenstadt Karachi hängen. In einer elenden Bretterbude, mitten in unvorstellbarem Schmutz und Lärm begann sie ihren Kampf gegen die Lepra. Sie ist eine außergewöhnliche Frau: Nonne und Staatssekretärin in einem muslimischen Land. Abenteuerfreude und Mitgefühl, Mystik und Aktivität, strategisch-analytisches Denken und sensible Menschlichkeit sind bei ihr keine Gegensätze. Die Erfahrung existentiellen Dunkels und ein unüberwindlicher Glaube an das Glück, leidenschaftliche Suche, intensives Fragen und die Erfahrung des Getragenseins – dies geht bei ihr zusammen. Wo Männer versagten, blieb sie hartnäckig – ohne je in den Aberglauben zu verfallen, alles sei machbar. Es gab Erfolge. Und es gab Rückschläge. Sie wurde konfrontiert mit unendlichem Leid. Und sie erlebte den Triumph über eine einst unbesiegbare Krankheit. Auch nach Niederlagen waren ihr Glaube, ihre Risikofreude und ihre Sensibilität Motoren für immer neue Anfänge. Sie lebt immer noch im unvorstellbaren Lärm von Karachi, das inzwischen zur terrorgeschüttelten Millionenmetropole wurde. Die Lepra ist besiegt, das Böse und das Leiden sind geblieben. Was ist die Bilanz ihres Lebens? Eindrucksvolle Bilder und bleibende, tiefe Gedanken einer großen spirituellen und aktiven Frau unserer Zeit.

Die Autorin

Ruth Pfau, Dr. med., geb. 1929 in Leipzig, Mitglied des Ordens der Töchter vom Herzen Mariä, ging 1960 nach Karachi, wo sie die Lepraarbeit begann. 1980 Ernennung zur Nationalen Beraterin für das Lepra- und TB-Kontrollprogramm für ganz Pakistan durch die pakistanische Regierung. 1981 ging sie erstmals illegal nach Afghanistan. Wichtige internationale Aufgaben im Auftrag der Weltgesundheitsorganisation. Bei Herder/Spektrum: Das letzte Wort wird Liebe sein. Ein Leben gegen die Gleichgültigkeit (Band 4513); Verrückter kann man gar nicht leben. Ärztin, Nonne, Powerfrau (Band 4436).

Der Herausgeber

Michael Albus, ZDF-Journalist, seit langem mit Ruth Pfau befreundet, hat Reportagen über sie gedreht und Bücher über sie geschrieben. Er ist auch der Photograph der Bilder dieses Buches.